semer • planter • tailler • récolter

PERMACULTURE avec la Lune 2024

Artémis éditions

CRÉDITS PHOTOS
Adobe Stock.com : p. 3 (Szymanski), p. 4 (Figurnyi), p. 5 (Thomas Perkins), p. 7 (Beckle), p. 9, 10-11 (Patrimonio designs), p. 15 (Goofeephoto), p. 16 (Leiftryn), p. 17 g (Barone), p. 17 d (Calcagno), p. 18 g et d (Lassire), p. 18 m (Szasz-Fabian), p. 19 (Massé), p. 21 (Jkar866), p. 23, p. 48-49 (Neung Stockr), p. 51.
Shutterstock.com : p. 6 (Isaeka11), p. 24 (Matchou), p. 25 (Macrovector), p. 26 (terra incognita), p. 27 h (Viktor Kochetkov), p. 27 b, 29 g (KaliAntye), p. 28 (nomadkate), p. 29 d (JoannaTkaczuk), p. 30 (Simon Kovacic), p. 31 (Tim UR), p. 32 (Daisy Daisy), p. 33 (Alison Hancock), p. 34 (Tula L), p. 35 (alexkich), p. 36 (pixinoo), p. 37 (yuris), p. 38 (MarjanCermelj), p. 39 hg (Minko Peev), p. 39 bg (cherryyblossom), p. 39 d (Aleksandr Penkov), p. 43 h (Maks Narodenko), p. 43 b, p. 47 h (Nattika), p. 44 h (ANCH), p. 44 b (PhotoEd), p. 45 h (Picture Partners), p. 45 b (nito), p. 46 h (Serhiy Shullye), p. 46 b (Lotus Images), p. 47 b (Elovich).
Dessins de **Francis Rossignol.**

Les données lunaires nous ont été fournies par l'IMCCE-Observatoire de Paris.

Ouvrage collectif réalisé par Losange
avec la collaboration de Alice Delvaille

ISBN : 978-2-8160-2101-1
N° d'éditeur : 8160
Dépôt légal : août 2023

Achevé d'imprimer : avril 2023
Imprimé en Chine par Toppan Leefung

MIXTE
Papier issu de sources responsables
FSC® C104723

Sommaire

Comprendre les cycles lunaires

L'observation de la Lune

On oublie aujourd'hui que, pendant des siècles, les hommes n'avaient ni heure ni calendrier à leur disposition, et qu'ils réglaient leurs activités sur le Soleil. Les travaux agricoles étaient décidés en fonction des observations de la faune et de la flore, des vents, du tonnerre : c'est ainsi que de nombreux dictons ont pour objet des prévisions météorologiques, afin d'orienter les pratiques agricoles.

Pensons encore que les premiers calendriers n'ont commencé à se diffuser – dans les milieux favorisés et lettrés – que dans le courant du XVIe siècle. Il a ensuite fallu attendre deux siècles encore pour qu'ils se répandent dans les campagnes. Ces almanachs faisaient la part belle à des prévisions météorologiques et à tout ce qu'il fallait faire ou ne pas faire au fil des mois, en fonction de considérations zodiacales et astrologiques.

Les gens de la terre étant analphabètes, de nombreux conseils ont pris la forme de proverbes et de ritournelles : « En nouvelle lune, tout graine, tout fleurit ; en vieille lune, tout fournit. » On se repérait aussi beaucoup aux fêtes des saints, celles-ci étant précisées chaque dimanche par le curé de la paroisse. Jardiniers et agriculteurs se sont ainsi fondés sur certaines dates fixes pour organiser leurs travaux. Là encore, les dictons faisant référence à des saints sont innombrables. Il y a par exemple les fameux « saints de glace », saint Mamert, saint Pancrace et saint Servais (les 11, 12 et 13 mai), qui indiquent les risques encourus par les cultures pendant cette période, où un ciel bien dégagé peut entraîner des gelées nocturnes. On sait aussi que « s'il pleut à la Saint-Médard (le 8 juin), il pleut quarante jours plus tard », à moins que « la Saint-Barnabé (le 11 juin) ne lui coupe le pied ». Il faut semer la salade de printemps à la Sainte-Agathe (5 février), le persil le jour de mardi gras, les haricots à la Sainte-Croix (3 mai) ou aux rogations. Presque tous les saints sont ainsi convoqués pour donner des indications à venir sur les conditions météorologiques et les récoltes.

Les horloges zodiacales ancestrales indiquent notamment quels travaux effectuer en fonction de la position de la Lune. Ici l'horloge astronomique de Prague, qui a plus de 600 ans (construite en 1410 par Nicolas de Kadau).

Quel rôle joue la Lune ?

Le rôle de la Lune dans la vie quotidienne et les travaux agricoles est antique. « Quand la Lune croît, les coquillages grossissent, le sang aussi, même celui de l'homme, augmente et diminue avec sa lumière, jusqu'au feuillage et aux pâturages qui sont sensibles à ses effets », a écrit Pline l'Ancien, au début de notre ère. Pendant toute l'Antiquité, la théorie dominante exposait que les éléments du macrocosme et du microcosme étaient en correspondance, correspondance longuement étudiée par l'astrologie, une science très importante jusqu'au XVIIe siècle, où la théorie de la sympathie universelle a été abandonnée au profit de l'explication du phénomène des marées par Newton.

Aujourd'hui, le rôle de la Lune se fonde donc sur son influence gravitationnelle, qui provoque notamment le phénomène des marées. Du fait que les végétaux sont composés d'environ 90 % d'eau et que le sol est, de même, riche en eau, la gravitation lunaire pourrait avoir une influence et provoquer une sorte de « marée biologique ». Remarquons que Pline évoquait déjà l'influence de la lumière lunaire, bien que la Lune, astre mort, ne fasse que refléter la lumière du Soleil.

Toutefois, lorsque les cultures reposent sur des apports d'engrais réguliers et sur de nombreux traitements préventifs ou curatifs, cette possible influence devient tout à fait négligeable. Mais dans le cas où le jardinier biologique n'enrichit son sol que de compost et réduit au minimum tout traitement, il se tourne vers la Lune pour mettre le plus de chances possible de son côté.

La lune en dictons

- *Lune pâle, c'est la pluie.*
- *Lune rouge, du vent.*
- *Quand la lune se fait chaude dans le premier quartier, elle met des champignons plein le panier.*
- *Cornes de la lune en haut, beau temps. Cornes de la lune en bas, mauvais temps.*
- *Cornes pâles, pluie. Cornes nettes, beau temps.*
- *Quand la lune vient dans l'eau, au bout de trois jours il fait beau.*
- *Lune rousse en se levant annonce le vent.*
- *Lune brillante et blanche, plusieurs jours de beau temps.*
- *Lune brouillée, pluie assurée.*
- *L'hiver n'est point passé que la lune n'ait décliné.*
- *Si la lune de Saint-Louis ne fait en beau, sois réjoui.*
- *Lune d'argent fait le temps clair.*
- *Noël sans lune, de deux vaches on en mange une.*
- *Lune nouvelle en beau temps, pluie avant sept jours.*
- *Lune neuve en méchant temps, soleil dans trois jours.*
- *Ne sème pas en croissant, il faucillerait avant toi.*

Deux cycles à observer

La Lune a deux cycles principaux. L'un est facilement observable : c'est le cycle des phases de la Lune, ou cycle synodique (nouvelle lune, lune croissante, pleine lune, lune décroissante ou « en décours »), que tous les calendriers mentionnent. C'est sur ce cycle que s'appuient les traditions de l'influence de la Lune sur les plantes, associée ou non aux signes du zodiaque.

Le second cycle de la Lune ne peut être que très partiellement observé : il s'agit de la place de l'astre dans le ciel (plus ou moins haute ou basse sur l'horizon). En prenant un point de repère fixe, par exemple un clocher ou un arbre isolé, et en regardant la place de la Lune à la même heure, soir après soir, on peut savoir si elle « monte » ou si elle « descend ». Ce second cycle, dit périodique, fondé sur la trajectoire apparente de la Lune dans le ciel, fait aussi appel à des données astronomiques par rapport à la trajectoire du Soleil et aux constellations. Il faut donc avoir à disposition un calendrier spécifique, qui donne la position de la Lune. Le rôle de ce cycle lunaire sur les plantes a notamment été mis en avant par le mouvement anthroposophique, né dans les années 1920, à partir de l'enseignement du philosophe et pédagogue autrichien Rudolf Steiner.

Beaucoup de jardiniers ne se fient qu'au cycle observable. D'autres, en particulier ceux qui s'inspirent du jardinage biodynamique, suivent les prescriptions données par ces calendriers spécialisés.

Lune et météo

L'observation de la Lune sert traditionnellement à prévoir le temps. La Lune entourée d'un anneau rougeâtre annonce un vent fort ; si les taches de la Lune sont très visibles, cela laisse espérer du beau temps ; la Lune prise dans un halo indique de la pluie à venir. De nombreux dictons relient d'ailleurs l'aspect de la Lune et les prévisions météorologiques.

On notait aussi le temps qu'il fait pendant la pleine lune ou la nouvelle lune pour prédire la météo à venir. Par exemple, du vent pendant les six jours qui suivent une nouvelle lune ou une pleine lune indique un ciel perturbé jusqu'à la nouvelle phase de la lune. Si, dans les quatre premiers jours, le temps est instable mais se rétablit ensuite, le temps sera beau dans les huit jours à venir. En revanche, si les quatre premiers jours sont beaux puis que le ciel se dégrade après, le temps sera instable dans la semaine qui suit.

Très souvent, la météo durant les « changements de lune », nouvelle lune ou pleine lune est encore régulièrement observée pour prédire le temps à venir sur une période plus ou moins longue, notamment pour les changements de lune aux alentours des équinoxes et des solstices, soit aux changements de saisons. Lune et soleil sont souvent associés, témoignant que, pendant des millénaires, ces deux astres ont réglé la vie quotidienne des hommes.

La lune rousse

L'expression « lune rousse » qualifie la première lunaison après Pâques – la fête de Pâques étant variable chaque année, cette lune rousse peut intervenir entre le 5 avril et le 6 mai. Elle est dite « rousse » parce qu'elle « roussit » les nouvelles pousses, et non à cause d'une coloration rougeâtre. En fait, quand la Lune brille dans un ciel bien dégagé au début du printemps, cela signale une nuit fraîche – le sol n'est pas encore bien réchauffé et les jours pas encore assez longs pour le réchauffer durablement –, et donc des gelées blanches qui endommagent les jeunes plantes. La Lune n'est pas en cause, elle n'est qu'un signe.

La lune en couleurs

- ***La lune rousse :*** *elle commence à la nouvelle lune qui suit Pâques et finit à la nouvelle lune suivante. Pour l'année 2024, elle se situera entre le 8 avril et le 8 mai.*
- ***La lune bleue :*** *généralement, dans un mois, il n'y a qu'une seule pleine lune, mais exceptionnellement, il peut y en avoir deux. La seconde est alors appelée lune bleue.*
- ***La lune noire :*** *la lune est qualifiée de noire en trois circonstances :*
  - *en l'absence de nouvelle lune dans un mois,*
  - *lorsqu'il y a deux nouvelles lunes dans un mois,*
  - *en l'absence de pleine lune dans un mois.*
- ***La lune cendrée :*** *on qualifie la lune de cendrée quelques jours avant ou après la nouvelle lune, car le croissant lunaire semble flou, comme dans un brouillard.*

Le cycle visible
lune croissante ou décroissante

Comprendre le cyle synodique

Satellite naturel de la Terre, la Lune n'émet aucune lumière qu'elle produirait elle-même. Nous ne la voyons que grâce à la lumière reflétée par le Soleil. Tous les mois, elle tourne autour de la Terre, en accomplissant un cycle de phases lunaires qui vont d'une nouvelle lune à une autre, une période baptisée le mois synodique (du grec *sun*, qui signifie « ensemble, avec », et du grec *hodos*, qui signifie « un chemin »). Vue de la perspective du Soleil, une orbite complète dure exactement 29 jours, 12 heures et 44 minutes.

Soir après soir, la Lune change d'aspect : c'est sa manifestation la plus évidente. Parfois, elle est fine et légère, d'autres fois, elle est ronde, complètement illuminée par le Soleil. Les phases lunaires sont le résultat d'un jeu de positions entre la Terre, la Lune et le Soleil, et du mouvement constant de notre satellite autour de nous.

En effet, la Lune est invisible lorsqu'elle se situe entre le Soleil et la Terre : c'est le moment de la nouvelle lune, on ne perçoit qu'une ombre noire. Si, à l'inverse, elle se trouve du côté opposé au Soleil, elle renvoie alors sa lumière sur l'hémisphère nocturne de la Terre : c'est la pleine lune. Si l'angle entre les trois corps célestes est de 90°, on observe depuis la Terre seulement la moitié du disque lunaire éclairé, soit le premier ou le dernier quart de lune. Dans les phases intermédiaires, on voit un dessin plus ou moins fin de la lune. Parfois, on parle de lune « gibbeuse », ou « bossue », pour désigner une lune éclairée de plus de moitié.

Le cycle lunaire se compte à partir de la phase de la nouvelle lune. Dans les jours qui suivent, elle est dite « croissante » ; au bout de deux semaines, elle est pleine, puis entame sa phase décroissante. On parle alors de lune vieille. On évoque l'âge de la Lune pour expliquer ce parcours. Il est possible de remarquer que

Les phases de la Lune

C'est le rayonnement du Soleil qui illumine la face de la Lune visible depuis la Terre.

Suivant l'alignement des trois astres (Soleil-Lune-Terre), la Lune est plus ou moins éclairée.

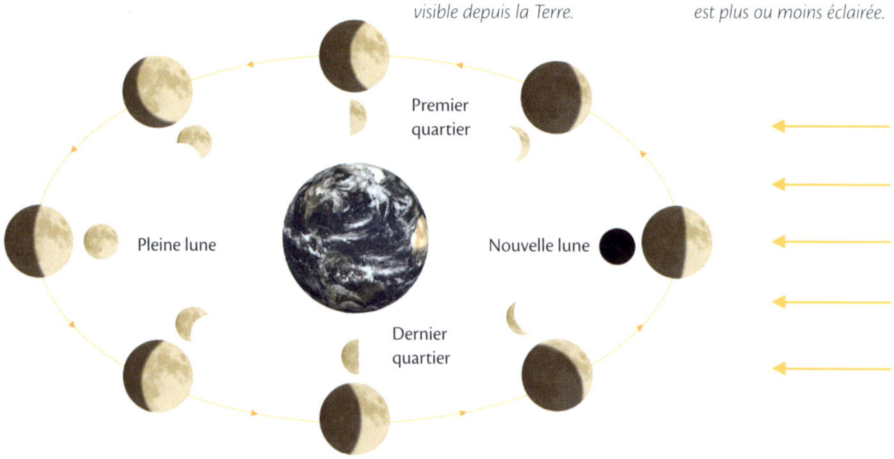

ce déplacement visible de la Lune, dû à son mouvement autour de la Terre, se fait en sens inverse des aiguilles d'une montre, soit d'ouest en est. La Lune, observée à la même heure, jour après jour, paraît se déplacer vers l'orient, dans le ciel étoilé qui sert de repère. Elle se lève et se couche avec un décalage en moyenne de 50 minutes chaque jour.

Il n'existe pas de travaux scientifiques qui précisent le rôle du cycle synodique, c'est cependant ce cycle qui sert le plus souvent à orienter les pratiques du jardinier.

Chez les jardiniers biodynamiques, dont les premiers travaux remontent à l'entre-deux-guerres, la nouvelle lune correspond à la germination, le premier quartier au développement, la pleine lune à l'aboutissement, le dernier quartier à la maturité, le dernier croissant à l'introspection.

La lune menteuse

Quand le croissant dessine un « C », la Lune décroît. Elle est en phase de croissance quand ce quartier est inversé. Autrement dit, quand le croissant de lune est en « C », elle n'est pas en croissance, c'est pourquoi on dit qu'elle est « menteuse ». Un simple truc mnémotechnique ! Qui a cependant des sources très anciennes puisque, dans la Rome antique, on évoquait la luna mendax*, lune trompeuse, pour la même raison.*

Lunes néfastes et lunes bénéfiques

La lune de mars, qui débute à la dernière nouvelle lune du mois, est jugée néfaste, car elle s'accompagne de vents froids et secs. La lune rousse d'avril – dernière nouvelle lune de ce mois – est réputée stérile et interrompt les semis de printemps.

En revanche, la lune d'août – dernière nouvelle lune du mois – sourit aux plantations. C'est aussi à ce moment qu'il faut couper les ronces, les épines et les mauvaises herbes, qui repoussent très affaiblies. Une autre tradition conseille de couper les broussailles durant la période de « l'entre-deux-vierges » (entre le 15 août et le 8 septembre), ce qui est sensiblement dans la même période.

On peut penser, dans ces cas de lunes néfastes ou bénéfiques, que c'est moins l'influence proprement dite de la Lune qui a été retenue par la tradition que les périodes délicates de l'année qu'elles représentent. À des époques où les calendriers n'étaient pas très répandus, elles étaient un moyen de se repérer. Ces lunes ont ensuite souvent été remplacées par des dates de saints.

Croissante ou décroissante ?

Pour savoir si la lune est en phase croissante ou décroissante, voici le truc bien connu : on accole un trait vertical au quartier de lune que l'on voit ; si cela dessine un « p », on est en présence du « premier » quartier, la lune est donc croissante ; s'il s'agit d'un « d », on voit le « dernier » quartier, la lune est décroissante.

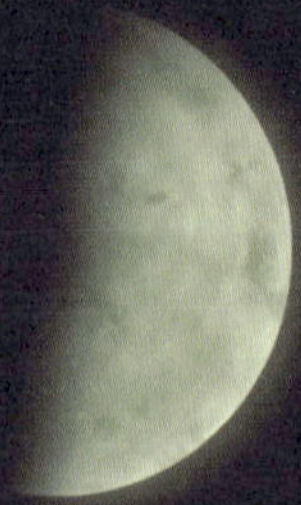

3

Au premier quartier, la Lune a parcouru 1/4 de sa rotation autour de la Terre.
Elle est maintenant à 6 heures du Soleil, et se couche vers minuit.

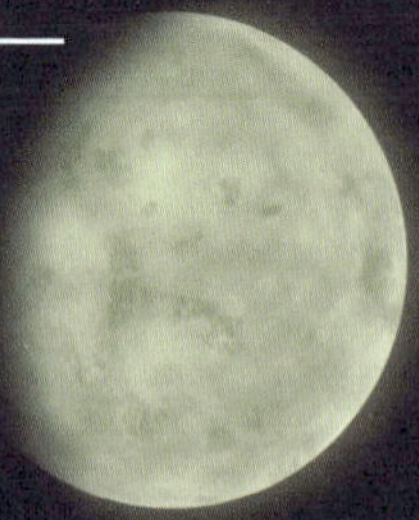

4

Pendant la deuxième semaine du cycle lunaire, la Lune est « gibbeuse montante » alors qu'elle se dévoile pour atteindre bientôt le stade de la pleine lune.

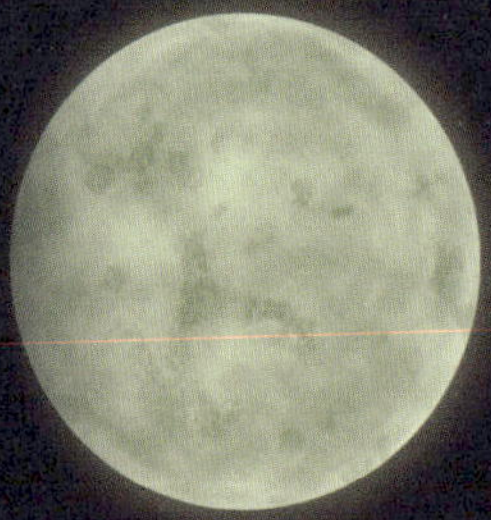

5

Environ 2 semaines après la nouvelle lune, la pleine lune se lève 12 heures après le Soleil.
Elle est située à l'opposé exact du Soleil et reste visible toute la nuit.

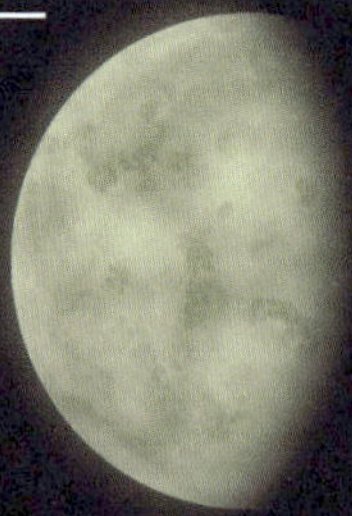

6

La Lune est « gibbeuse descendante » pendant les jours qui suivent la pleine lune.
Nous sommes maintenant dans la troisième semaine du cycle lunaire.

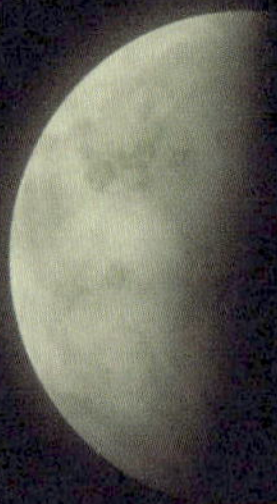

7

Parvenant à la quatrième semaine de son cycle, la Lune est maintenant dans son dernier quartier. Elle se lève dans la seconde moitié de la nuit et est visible dans le ciel du matin.

Les phases lunaires

2

Après la nouvelle lune, le croissant grossit pendant une courte période à une vitesse à peu près équivalente à son propre diamètre par heure. Une semaine plus tard, la Lune est à son premier quartier.

1

La nouvelle lune : lorsque le côté de la Lune qui fait face à la Terre est complètement dans l'ombre et invisible pour nous.

8

La dernière phase, le dernier croissant, est suivie par la nouvelle lune.

Travaux à effectuer suivant la Lune

Travaux en lune croissante

Pour déterminer ce qu'il faut faire en lune croissante, on peut se servir comme d'un moyen mnémotechnique que celle-ci fait monter la sève dans les plantes et favorise donc leur croissance.

Au potager	➢ D'une manière générale, cette période est favorable aux semis des plantes dont il faut stimuler la croissance, par exemple pour qu'elles fleurissent et se mettent en graines. ➢ Dans les terres pauvres et sèches, il y a souvent intérêt à semer en lune croissante. ➢ C'est aussi le moment où l'on pince les légumes. ➢ Puisqu'il faut favoriser la reprise, c'est à cette période que l'on repique les légumes-fruits (tomates, concombres, cornichons, poivrons, aubergines, piments). ➢ La lune croissante est également favorable aux soins et aux traitements de tous les légumes.
Au verger	➢ C'est la meilleure période pour planter les arbres fruitiers, qui reprendront mieux. ➢ Les arbres fruitiers faibles seront aussi taillés à ce moment, puisque l'on n'a pas de risque d'emballement de la végétation aux dépens de la floraison. ➢ Là encore, c'est le moment des traitements pour les arbres.
Au jardin d'ornement	➢ On sèmera les annuelles à fleurs, on repiquera ou on transplantera les plantes vivaces. ➢ Les arbustes sont taillés en lune croissante : ceux à floraison estivale en automne ou en hiver, ceux à floraison printanière après leur floraison.
Récoltes	➢ Pour un profit optimal des éléments nutritifs des légumes, les légumes-racines et à bulbe sont récoltés en lune croissante, de même pour les plantes médicinales et aromatiques.

Travaux en nouvelle lune

La nouvelle lune proprement dite n'est pas favorable au jardinage. Seul le greffage, en particulier le greffage en fente, se pratique traditionnellement autour de la nouvelle lune.

Travaux en lune décroissante	
On se rappellera qu'une lune en décours va de pair avec le reflux de la sève dans les racines : c'est donc la période favorable pour les légumes-racines, les tailles et le travail du sol.	
Au potager	➢ En semant et en replantant en décours, on tend à éviter la montée à graine. C'est le cas des légumes à bulbe, des légumes formant des pommes comme les salades et les choux, mais aussi des poireaux. C'est aussi à ce moment que l'on sème généralement les haricots et les pois. ➢ C'est lors de la lune décroissante que l'on effectue les travaux de la terre. ➢ Dans les sols riches et humides, les terres fortes, les semis et les plantations se font de préférence en décours de lune.
Au verger	➢ La taille de formation ou d'entretien des fruitiers vigoureux se fait en lune décroissante, pour éviter qu'ils ne fassent du bois plutôt que des fruits. Les tailles en vert d'été se font de préférence en décours. ➢ Les greffes en écusson sont effectuées plutôt en lune décroissante.
Au jardin d'ornement	➢ Les haies sont élaguées en décours pour limiter leur développement, à moins qu'il ne s'agisse de jeunes plants dont il faut favoriser la croissance. ➢ Le gazon est tondu de préférence en lune décroissante.
Récoltes	➢ Si possible, on récolte les fruits, les bulbes et les légumes devant se conserver. Le décours était aussi autrefois le moment privilégié des vendanges et des moissons.
Travaux à la pleine lune	
On évite tous semis au moment de la pleine lune. Cependant, les semis effectués deux ou trois jours avant la pleine lune sont réputés avoir une germination optimale. En jardinage biodynamique, on conseille de planter les pommes de terre à la peine lune, de même que semer les pois et les haricots.	

Le cycle invisible
lune montante ou descendante

Comprendre le cycle périodique

Le temps que met la Lune pour accomplir un tour complet de l'orbite terrestre peut se définir non seulement par le cycle synodique (calculé par rapport au Soleil), mais également par le cycle sidéral, ou périodique (calculé par rapport aux étoiles). Pendant que la Lune tourne autour de la Terre, celle-ci ne reste pas immobile dans l'espace, mais se déplace à son tour autour du Soleil. Calculée par rapport aux étoiles, que nous considérons comme des points de référence, la période de révolution lunaire dure 27 jours, 7 heures et 43 minutes.

Le temps qui s'écoule entre deux phases lunaires (le cycle synodique, de 29 jours, 12 heures et 44 minutes) est un peu plus long car, à chaque révolution de la Lune autour de la Terre, cette dernière progresse sur son orbite autour du Soleil. Au terme du cycle sidéral, on n'observe donc pas encore la nouvelle lune : il faut attendre deux jours supplémentaires pour que la Terre, la Lune et le Soleil soient de nouveau alignés.

On parle de lune montante, ou ascendante, et descendante parce que sa trajectoire, ou écliptique, monte et descend par rapport à la trajectoire du Soleil.

Lunes croissante et décroissante, lunes montante et descendante

Lunes montante et descendante et lunes croissante et décroissante sont deux cycles bien distincts, qui n'ont pas la même durée et ne sont pas coordonnés. La Lune peut à la fois monter et décroître et inversement. Il n'y a pas de lien entre la forme lumineuse de la Lune et son mouvement dans le ciel.

Cycles invisibles

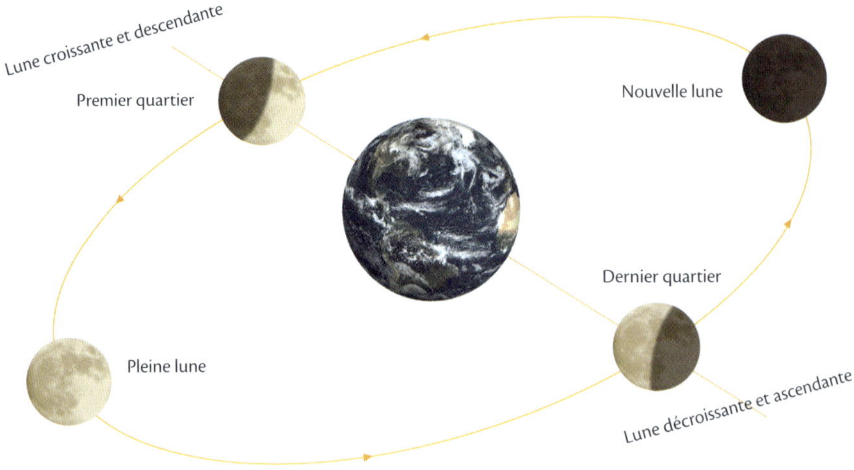

Il n'est pas tout à fait exact de parler d'un cycle invisible, mais il est difficile à discerner au quotidien et n'est pas mentionné dans les calendriers ordinaires.

Nœuds lunaires

Les nœuds lunaires sont les périodes pendant lesquelles la Lune coupe le plan de rotation de la Terre (l'écliptique) autour du Soleil. Ce phénomène, qui ne dure que quelques heures, s'observe deux fois par mois.

On parle de nœud lunaire descendant lorsque la Lune descendante coupe le plan de rotation de la Terre autour du Soleil. Lorsque la Lune ascendante coupe une nouvelle fois l'écliptique, on parle de nœud ascendant.

Ces périodes sont réputées perturber la végétation et inhiber la germination. Mieux vaut alors ne pas semer ou travailler au jardin cinq heures avant et après ces « nœuds », qui se produisent à des heures très précises.

Nœuds lunaires

Les passages des nœuds lunaires sont des moments où il faut éviter de jardiner pendant quelques heures. Cela se produit généralement deux fois par mois.

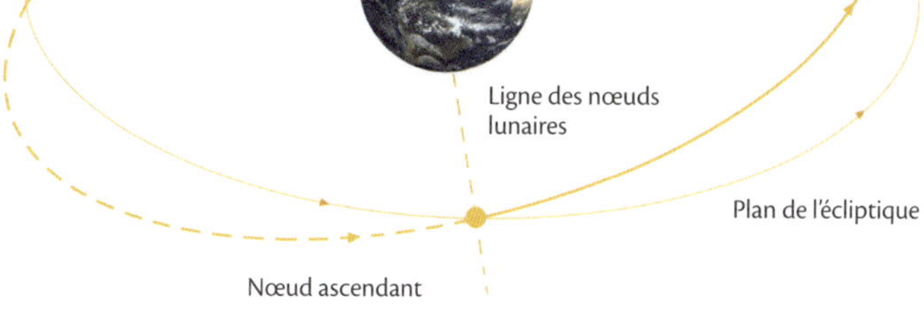

Apogée et périgée

La Lune ne tourne pas autour de la Terre de manière égale mais selon une courbe elliptique. Le moment où elle se trouve le plus éloignée de la Terre se nomme apogée (de *apo*, « lointain », et de *gaïa*, « terre »), le moment où elle en est le plus proche, le périgée (de *péri*, « proche »). À son apogée, la Lune se trouve à 406 500 km de la Terre, et à 356 400 km au plus près. Périgée et apogée sont considérés comme des périodes néfastes pour le jardinage. On conseille souvent de ne rien faire 24 heures avant et après le périgée, et 48 heures avant et après l'apogée.

Les éclipses

Lorsque le Soleil, la Lune et la Terre sont parfaitement alignés dans l'espace et sont proches d'un nœud, survient alors une éclipse. Il en existe de deux types : celles du Soleil ont lieu lorsque la Lune s'interpose entre la Terre et le Soleil. Les éclipses lunaires ont lieu lorsque la Terre se trouve entre le Soleil et la Lune.

Les éclipses de Lune sont également considérées comme néfastes pour le travail au jardin.

Certains calendriers lunaires déconseillent également le travail du jardin au moment des équinoxes.

Apogée et périgée

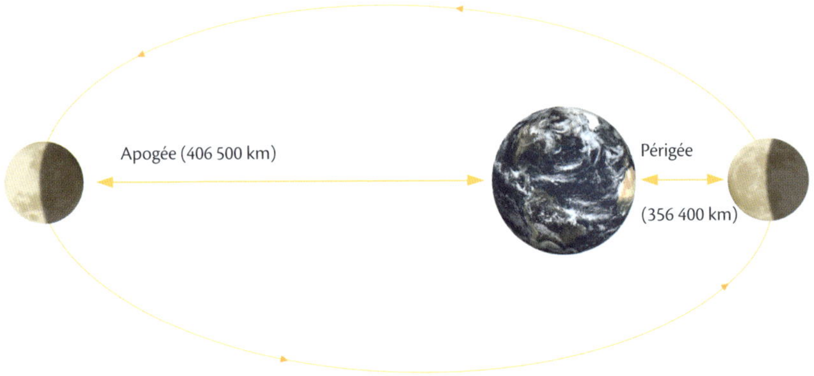

Travaux à effectuer suivant la Lune

Travaux en lune montante	
La lune montante favorise les parties aériennes des plantes, alors que la lune descendante favorise les racines, selon un principe analogue aux phases de croissance et de décroissance. Cependant, ces deux cycles n'étant pas coordonnés, il est difficile de respecter l'un et l'autre à la fois.	
Au potager	➢ Cette période est favorable à tous les légumes dont on récolte les feuilles, qu'il s'agisse de semis, de repiquages, de soins ou de récoltes. ➢ C'est aussi en lune montante que les graines germent le mieux, c'est pourquoi tous les semis sont effectués à cette période.
Au verger	➢ La taille des arbres fruitiers se fait en lune montante, sauf pour les arbres très vigoureux. C'est à cette période que l'on prélève les greffons et que l'on procède à toutes les greffes. ➢ Les traitements sont à donner de préférence dans cette période.
Au jardin d'ornement	➢ Rosiers et arbustes sont taillés en lune montante. La pelouse est aussi tondue à ce moment.
Récoltes	➢ On récolte tous les fruits, les légumes-feuilles et les légumes-fruits (tomates, concombres, etc.).

Travaux à effectuer suivant la Lune

Travaux en lune descendante	
On se rappellera qu'une lune en décours va de pair avec le reflux de la sève dans les racines : c'est donc la période favorable pour les légumes-racines, les tailles et le travail du sol.	
Au potager	➢ La lune descendante est favorable aux légumes-racines (carottes, navets, radis, betteraves, choux-raves) et aux bulbes (ail, oignon), pour les semis et les repiquages. ➢ C'est également en lune descendante que l'on enfouit les engrais verts. Tous les travaux du sol, l'enfouissement des engrais et les amendements sont effectués de préférence à ce moment, car il est favorable à la vie microbienne. ➢ C'est aussi en lune descendante que l'on prélève les boutures.
Au verger	➢ La période est propice aux plantations et aux transplantations des arbres fruitiers.
Au jardin d'ornement	➢ C'est le moment de récupérer les bulbes de fleurs.
Récoltes	➢ Récolter les légumes-racines et à bulbes, notamment les pommes de terre.

La Lune et le zodiaque

La Lune a aussi un rythme sidéral, défini par le mouvement des étoiles. Dans son parcours, elle passe devant les douze constellations du zodiaque. Les constellations sont des regroupements d'astres formant des figures imaginaires, d'animaux (zodiaque vient du grec *zôon*, « animal ») et de personnages. Elles ont été imaginées par les hommes pour leur servir de repères d'orientation. En réalité, les étoiles formant une figure du zodiaque sont souvent très éloignées les unes des autres, de dizaines d'années de lumière parfois. Les astrologues grecs du Ve siècle av. J.-C. ont fait correspondre ces constellations aux mois de l'année. Mais d'un point de vue strictement astronomique, les constellations étant de dimensions très variables, le transit du Soleil et de la Lune devant ces constellations est de durée très variable (entre quelques jours et un mois et demi), et non égal à un mois.

Selon le calendrier biodynamique de Maria Thun, les influences des astres, relayées et amplifiées quand la Lune passe devant chaque constellation, sont plus importantes que celles de la Lune elle-même.

La Lune dans le zodiaque indique sa position dans chacun des douze signes du zodiaque, c'est-à-dire les constellations célestes qui ceinturent la Terre. Chaque signe ou constellation ayant l'énergie d'un des quatre éléments qui la gouverne (Eau, Terre, Air et Feu), elle permet de déterminer quelle action entreprendre au jardin. Ainsi pour chaque jour, en fonction de la position de la Lune dans le ciel, montante ou descendante, et du fait qu'elle traverse dans sa révolution de 27 jours (cycle sidéral) les diverses constellations, on se trouve en présence de jours feuilles, de jours fruits, de jours racines ou de jours fleurs.

Cadran à Venise indiquant les phases de la lune et le zodiaque.

Éléments et zodiaque

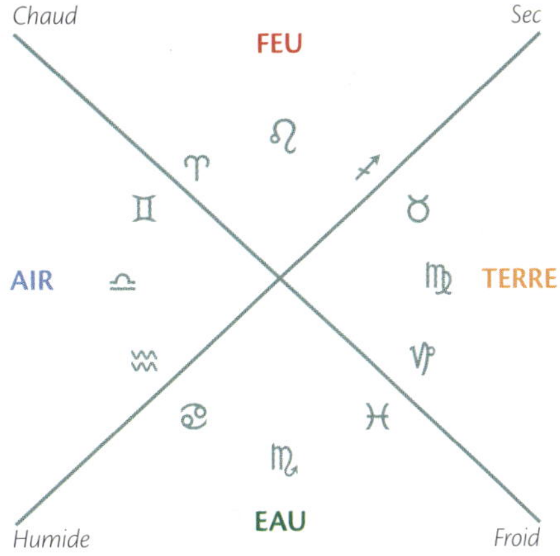

– **Aux constellations de Terre (Taureau, Vierge et Capricorne)** correspondent les plantes-racines (ail, betterave, carotte, navet, échalote, oignon, radis, pomme de terre…), les fleurs à bulbes et autres légumes poussant dans le sol. La Lune prévilégie les racines et les écorces. Sous son influence, il est conseillé d'effectuer des travaux de préparation du sol, les semis et le binage.

– **Aux constellations d'Air (Gémeaux, Balance et Verseau)** correspondent les plantes-fleurs : les fleurs annuelles et vivaces, les arbres et les arbustes à fleurs, les plantes aromatiques et médicinales dont on récolte les fleurs.

– **Aux constellations d'Eau (Poissons, Cancer et Scorpion)** correspondent les plantes-feuilles (céleri, chicorée, choux, cresson, épinard, laitue, poireau) et les plantes aromatiques et médicinales dont on récolte le feuillage. L'eau est l'origine et la source de la vie, elle purifie et régénère. Cet élément influence particulièrement les parties les plus aqueuses de la plante (tige et feuille, gorgées de sève).

– **Aux constellations de Feu (Bélier, Lion et Sagittaire)** correspondent les plantes-fruits (aubergine, céréales, concombre, courge, fève, fraise, framboise, haricot, melon, piment, pois, citrouille, tomate) et les arbres fruitiers. Symbolisant la régénération, le feu est un élément qui apporte à la plante la chaleur indispensable à la maturité du fruit et de la graine pour la reproduction.

Correspondance Éléments - Constellations - Plantes

Feu Bélier, Lion, Sagittaire	**Légumes-fruits :** tomate, concombre, cornichon, poivron, aubergine, courgette, melon, potiron… Tous les fruits.
Eau Cancer, Scorpion, Poissons	**Légumes-feuilles :** salades, choux, épinard, céleri-branche, fenouil, persil, poirée (bette), tétragone, asperge, poireau…
Terre Taureau, Vierge, Capricorne	**Légumes-racines :** carotte, panais, salsifis, ail, oignon, échalote, betterave, céleri-rave, rutabaga, chou-rave, crosne, endive (mais forçage en période de légumes-fruits), navet, pomme de terre, radis, topinambour…
Air Gémeaux, Balance, Verseau	**Légumes-fleurs :** pois, haricots, fèves, artichaut, brocoli, chou-fleur, maïs doux… Roses, fleurs à bulbes, annuelles et vivaces.

Lune et constellations

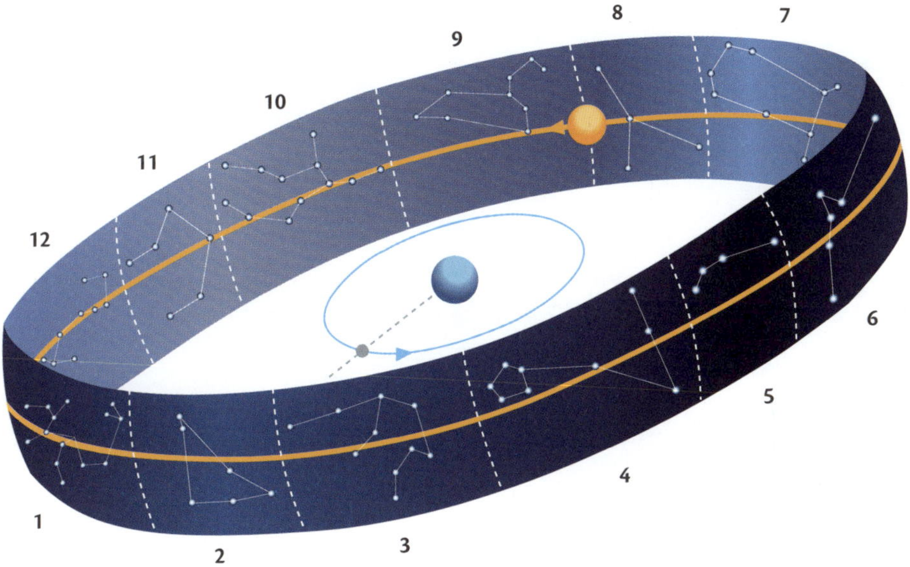

Écliptique

Soleil

Terre

Lune

Orbite lunaire

1 – Sagittaire ♐
2 – Capricorne ♑
3 – Verseau ♒
4 – Poissons ♓
5 – Bélier ♈
6 – Taureau ♉
7 – Gémeaux ♊
8 – Cancer ♋
9 – Lion ♌
10 – Vierge ♍
11 – Balance ♎
12 – Scorpion ♏

Les signes du zodiaque et le jardinage

♈	Bélier	Fruit	Récoltez les légumes-racines et les fruits pour l'entreposage. Travaillez le sol, arrachez les mauvaises herbes et détruisez les insectes.
♉	Taureau	Racine	La seconde meilleure période pour les plantations et les transplantations. Bon pour les légumes-racines et les pommes de terre, surtout lorsque la rusticité est un facteur important. Est aussi un bon signe pour les légumes-feuilles comme la laitue, les choux et les épinards.
♊	Gémeaux	Fleur	Récoltez les légumes-racines et les fruits pour l'entreposage. Travaillez le sol, arrachez les mauvaises herbes et détruisez les ravageurs. Les semis de melons, courges et citrouilles répondent bien sous ce signe.
♋	Cancer	Feuille	Le meilleur signe pour toutes les plantations et les transplantations. Aussi bon pour le greffage et l'irrigation.
♌	Lion	Fruit	Cultivez, récoltez les légumes-racines et les fruits pour l'entreposage. Une excellente période pour arracher les mauvaises herbes et détruire les ravageurs, surtout dans le dernier quartier.
♍	Vierge	Racine	Les fleurs rampantes et grimpantes sont favorisées par ce signe. Travaillez le sol, arrachez les mauvaises herbes et détruisez les ravageurs.
♎	Balance	Fleur	Le meilleur signe pour la plantation des fleurs odorantes, des plantes grimpantes, des fines herbes et des plantes aromatiques. Bon pour la plantation des légumes à tiges pulpeuses et des légumes-racines.
♏	Scorpion	Feuille	Le meilleur signe pour les plantations arbustives et grimpantes. Les tomates aiment être transplantées sous l'influence de ce signe. Il en est de même pour les semis de maïs et de cucurbitacées. Le greffage et la taille faits sous ce signe dans le troisième et le quatrième quartier retardent la croissance et amènent une meilleure production fruitière. Également un bon signe pour l'irrigation et les transplantations.

♐	Sagittaire	Fruit	Récoltez les légumes-racines et les oignons pour l'entreposage, plantez les arbres et les arbustes fruitiers. Un bon signe pour travailler le sol.
♑	Capricorne	Racine	Bon pour la plantation des pommes de terre et autres légumes-racines. Les travaux faits sous son influence encourageront une repousse forte et vigoureuse. Bon pour le greffage, la taille nécessitant une bonne cicatrisation et l'application de fertilisants organiques.
♒	Verseau	Fleur	Récoltez les légumes-racines et les fruits d'entreposage. Travaillez le sol, arrachez les mauvaises herbes et détruisez les ravageurs.
♓	Poissons	Feuille	C'est une très bonne période pour les plantations et les transplantations, de même que pour la croissance des racines et l'irrigation.

La permaculture

Introduction

La permaculture représente plus qu'une nouvelle approche du jardinage, c'est une réelle philosophie de vie dans laquelle les êtres humains, la faune, la flore et les micro-organismes vivent en harmonie dans un environnement sain, équilibré et autonome.

En débordant du cadre plus ou moins étroit de la seule culture potagère, la permaculture dans ce qu'elle a de plus moderne, mais aussi de plus futuriste, ambitionne de mettre – ou plutôt d'enfin remettre – en étroite relation le monde végétal, le monde animal, l'ensemble du milieu environnemental et l'homme.

Touchant de près à l'agriculture et donc à l'alimentation des hommes, la permaculture s'intéresse aussi avec beaucoup de pertinence, et en apportant de vraies solutions, à d'autres problématiques aussi prioritaires et incontournables que la santé humaine, la consommation énergétique, la gestion de l'eau, la politique des transports, l'empreinte carbone des productions agricoles, la nutrition ou l'écologie prise dans son sens le plus large et le plus noble. Elle touche donc directement à une multitude de facettes – essentielles et souvent parfaitement complémentaires – de notre vie quotidienne.

Permaculture : un concept !

Nous sommes dans le courant des années 1970. Nous sommes en Australie. Deux environnementalistes, David Holmgren et Bill Mollison, font un constat effrayant : les méthodes agro-industrielles de plus en plus utilisées partout dans le monde sont aussi dangereuses que contre-productives. Ils jettent donc les bases d'une nouvelle technique culturale respectueuse des végétaux, des sols, de l'air, de l'eau, du monde animal et... des hommes. Ils créent un concept 100 % éthique et d'une réelle efficacité capable de créer des systèmes agricoles stables. Leur concept repose sur une agriculture durable faite de cultures multiples judicieusement associées, en parfaite synergie avec le monde animal et l'homme.

Leur réponse saine et durable aux méfaits de l'agriculture industrielle prend le nom de « Permanent Culture ». Autrement dit, en français, « agriculture permanente ». Assez vite cependant, l'appellation anglophone est raccourcie. Contractée. Et se transforme en « permaculture » : un terme qu'ils utilisent pour la première fois dans leur ouvrage de référence « Permaculture One », paru en 1978.

Les bases de la permaculture

La permaculture est un concept qui se veut avant tout fondamentalement éthique. Par opposition, notamment, aux techniques nocives utilisées par l'agriculture industrielle et par le secteur agroalimentaire.

Les valeurs fondamentales, l'éthique de base, de la permaculture reposent sur trois solides piliers fondateurs :

- respecter et prendre soin de la nature nourricière au sens large du terme (les sols, l'air, l'eau, les bois et forêts...) ;
- respecter et prendre soin de l'être humain (à titre individuel et collectif, dans le présent et pour les générations futures) ;
- parvenir à créer une véritable abondance et redistribuer équitablement les surplus de production.

La permaculture se fonde donc sur trois principes éthiques et douze principes conceptuels :

- Observer et interagir
- Capter l'énergie et la stocker
- Créer une production
- Appliquer l'autorégulation, accepter la rétroaction
- Utiliser et valoriser les ressources et les services renouvelables
- Éviter la production de déchets
- Partir des structures d'ensemble pour arriver ensuite aux détails
- Intégrer au lieu de séparer
- Privilégier les solutions lentes et à petite échelle
- Utiliser la diversité et la valoriser
- Utiliser et valoriser les éléments en marge et en bordure
- Utiliser et être inventif face au changement
- Prendre soin de la Terre
- Prendre soin des hommes
- Partager équitablement les ressources et redistribuer les surplus

L'éthique avant tout

Au cœur des principes permaculturels, on retrouve donc trois principes éthiques incontournables : prendre soin de la Terre, prendre soin des hommes et partager équitablement les ressources en redistribuant les éventuels surplus. À eux trois, ces principes – que l'on retrouve par ailleurs dans la plupart des sociétés traditionnelles et préindustrielles – forment le véritable socle de la conception permaculturelle.

Les principes éthiques de la permaculture ont été inspirés de travaux de recherche sur les bases éthiques des communautés, retenant les leçons de peuples qui ont réussi à vivre en équilibre avec leur environnement beaucoup plus longtemps que les civilisations récentes et industrielles. Ceci ne veut pas dire qu'il faut oublier les grands enseignements de l'époque moderne mais que, pour réussir la transition vers un avenir durable, il faut prendre en compte des valeurs et des concepts qui sont en dehors des normes culturelles actuelles.

« Prendre soin de la Terre », le premier principe éthique considère que notre planète est une entité qui vit. Qui respire. Il faut donc lui accorder toute l'attention nécessaire et lui apporter les soins utiles sous peine de graves conséquences (changement climatique, épuisement des ressources, appauvrissement des sols…). Pour le permaculteur, prendre soin de la Terre implique, entre autres, de se préoccuper du sol vivant, sachant que l'état du sol (pollué ou non, par exemple) reste l'une des meilleures mesures objectives de la santé et du bien-être réel d'une société.

« Prendre soin des hommes », le deuxième principe éthique insiste sur le besoin de satisfaire les besoins de chacun en toute simplicité et avec compassion, permettant à l'environnement de prospérer. La préoccupation prioritaire de chacun commence… par soi-même. Mais elle s'étend rapidement aux proches : famille, voisins, amis… Le défi à relever ici est celui de l'autosuffisance et de la responsabilité individuelle. Dans ce contexte, l'approche de la permaculture est de se pencher d'abord sur le côté positif des opportunités qui s'offrent à nous plutôt que sur les difficultés et les obstacles. Et cela même dans les situations qui peuvent paraître les plus décourageantes.

Enfin, ***« partager équitablement les ressources en redistribuant les éventuels surplus »***, le troisième et dernier principe éthique implique que, dans les périodes d'abondance, il faut être plus enclin à partager avec les autres. Prenons l'exemple d'un arbre fruitier : certaines années, il porte énormément de fruits. Trop pour la consommation personnelle. Il est alors naturel de partager les surplus de la récolte.

Le design, une notion essentielle

Dans le cadre de la permaculture, le terme anglophone « design » pourrait être traduit par « conception » ou par « organisation de l'espace ». Avant toute chose, le design permaculturel est une méthodologie.

Essentiellement basée sur le huitième principe conceptuel de la permaculture (« Intégrer au lieu de séparer »), cette méthodologie vise à aider le permaculteur à concevoir son intervention sur un site donné, que ce soit le potager familial ou l'exploitation agricole. À partir de l'observation attentive du site et de l'examen des besoins, cette méthodologie cadre la réflexion du permaculteur, mais aussi ses actions. Avec pour objectif prioritaire d'aboutir à un ensemble de bonnes solutions qui enrichissent l'écosystème, le rendent plus résilient et plus productif, tout en satisfaisant durablement les besoins au prix d'un moindre effort et d'une moindre énergie dépensée. Dans ce cas, ce que l'on appelle « design » n'est autre que l'aboutissement du travail de conception intégrant tout ce qui concourt au bon fonctionnement du système conçu.

S'il s'agit d'une méthodologie qui est assez simple à appliquer dans le cadre d'une exploitation agricole, il est intéressant de souligner qu'elle peut aisément être adaptée au jardin individuel et au potager familial également.

Afin de faciliter le design (ou la conception, ou l'organisation de l'espace) d'un domaine mené en permaculture, d'autres notions complémentaires ont été imaginées. À commencer par **les zones**.

Première zone : les végétaux qui demandent une attention particulière ou des soins plus réguliers sont placés à vue, près de la maison. C'est dans cette zone que l'on trouve notamment le jardin potager (y compris la serre) et la terrasse.

Deuxième zone : cette zone est plus particulièrement réservée aux arbres fruitiers et à une éventuelle zone boisée ou de pâture. Le poulailler y trouve aussi sa place.

Troisième zone : si le jardin est vraiment grand, cette troisième zone peut être semi-sauvage (entretien minimum). Il est possible d'y cueillir ou récolter ce qui pousse naturellement : certaines baies, les orties pour le purin...

Quatrième zone : cette dernière zone n'est pas laissée à l'abandon, mais conserve un agréable aspect sauvage apte à favoriser l'installation d'insectes utiles et autres auxiliaires naturels du jardinier.

Les trois règles de base de la permaculture

Jardiner en appliquant les sains préceptes de la permaculture, c'est suivre l'exemple de la nature. C'est mettre en place un environnement au sein duquel la vie végétale (les fleurs comestibles ou non, les plantes potagères et aromatiques, les fruitiers...) pourra être cultivée de manière efficace et très productive, tout en privilégiant les économies d'énergie, d'eau et de travail.

Cependant, d'une région à l'autre, voire même parfois d'une microrégion à l'autre, le jardinier se trouve confronté à des conditions culturales très différentes : les types de sols, les expositions, les conditions climatiques... peuvent sensiblement varier et les réponses naturelles à apporter devront donc, elles aussi, varier en fonction des conditions locales précises.

Toutefois, et peut-être de manière un peu paradoxale, les grandes lignes directrices de la permaculture restent les mêmes.

Première règle de base : ne jamais laisser une terre nue

Recouvrir la terre, c'est mettre un obstacle physique entre celle-ci et le milieu ambiant, la couverture du sol arrivant alors à pondérer les effets négatifs du milieu. Par exemple, les effets négatifs de la chaleur excessive tout comme ceux du froid sont minimisés. Il en est de même en cas d'excès d'humidité ou, au contraire, de sécheresse. En outre, cet obstacle physique limite l'apparition des « mauvaises » herbes qui entrent en concurrence avec les plantes cultivées. Il améliore aussi la structure et la richesse des sols.

Dans ce contexte, l'une des notions principales à prendre en considération est que le sol est un milieu vivant qu'il convient de nourrir. Une terre riche en matière organique est plus susceptible d'accueillir et d'abriter une multitude d'occupants plus ou moins visibles : depuis le ver de terre jusqu'à certains champignons microscopiques en passant par de minuscules insectes notamment. La matière organique sert de nourriture à la faune du sol, chacun de ses membres formant un maillon d'une grande chaîne alimentaire qui conduit la matière organique de son état brut jusqu'à sa minéralisation et son absorption par les racines des plantes. Qui, à leur tour, la réinjecteront dans le circuit sans fin du vivant. C'est cette transformation de la matière organique (certains l'appellent la « digestion » de la matière organique) qui permet de rendre un matériau impossible à assimiler par les plantes en éléments minéraux qui, eux, sont parfaitement assimilables par les végétaux en fonction de leurs besoins.

Étape ultime de ce processus de dégradation de la matière organique : l'apparition de l'humus dont il serait faux de croire qu'il se résume à un simple « réservoir » d'éléments minéraux. Quand il se combine avec l'argile du sol via le calcaire, l'humus permet à la terre d'avoir une structure aérée, bien souple et, en un mot, fort appréciée par les racines des plantes.

Autre avantage d'une bonne couverture du sol : sa mise en place ne connaît aucune véritable contre-indication, et ce quel que soit le type de sol. D'un côté, les sols très légers, voire trop légers, gagneront en compacité, en consistance. D'autre part, les terres trop lourdes s'en trouveront assouplies.

En fonction du type de matériau utilisé mais aussi selon son état de dégradation, on estime généralement que trois à huit mois sont nécessaires avant que la litière ne disparaisse complètement. En permaculture, et afin de préserver une logique de permanence, on conseille d'épandre une nouvelle couverture organique avant la disparition complète de la précédente.

L'épaisseur de cette couverture végétale peut varier assez considérablement (de 3 ou 4 cm jusqu'à une vingtaine de centimètres en moyenne) en fonction de différents critères objectifs tels que le type de plantes cultivées ou la finesse du matériau utilisé. La règle est assez simple : plus le matériau utilisé est grossier et plus la couche de matière organique pourra être épaisse. Autre règle de base : certaines plantes potagères acceptent facilement des couches plus épaisses de matière organique. Par exemple, les courgettes et les tomates (qui sont des légumes à forte végétation) tolèrent des couches plus imposantes que les oignons ou les radis.

Règle n° 2 : réduire le travail du sol à son minimum

Tout jardinier attentif à la préservation de l'environnement et à la production de son jardin apprécie cette deuxième règle qui, en plus, lui permet de réduire sa charge de travail et ses efforts : en permaculture, il faut travailler la terre a minima !

Cette deuxième règle essentielle est l'un des fondements de la permaculture : le travail du sol doit vraiment être réduit à son minimum. Et s'il y a moyen de ne plus travailler le sol du tout, ce n'est souvent pas plus mal. Cette méthode permet, entre autres, de préserver ce que l'on appelle parfois « l'horizon organique » de la surface du sol. Ce qui implique que la terre conserve d'une manière 100 % naturelle son aération et sa souplesse.

Un sol, des sols

Il existe trois types de textures des sols qui présentent chacune des avantages et des contraintes spécifiques.

- *Le sol sablonneux présente la granulométrie la plus élevée. Un sol à tendance sableuse est apprécié par les jardiniers qui vivent dans une région connaissant une forte pluviométrie car il est assez bien adapté à la culture : il n'est pas trop fatiguant à travailler, les végétaux y poussent relativement vite et bien. Mais le risque de sécheresse est plus élevé qu'avec d'autres types de sols. Le risque de lessivage (c'est-à-dire la perte d'éléments nutritifs dans les nappes phréatiques avant que les plantes n'aient eu le temps de les capter) est aussi assez important.*

- *Le sol limoneux passe pour être le tout premier à avoir été cultivé. Rien d'étonnant à cela : un tel sol est généralement très fertile. Se positionnant entre le sol sablonneux et le sol argileux, il possède une grande capacité à capter les éléments nutritifs sans pour autant devenir asphyxiant. Bémol : un sol limoneux est assez fragile et a tendance à se dégrader (il s'érode facilement, se laisse emporter par le vent ou l'eau…). Comme le risque d'érosion lié à ce type de sol est important, il est conseillé de le protéger contre les attaques extérieures telles que le vent, la pluie… Une bonne couverture de sol est quasi impérative.*

- *Le sol argileux présente la granulométrie la plus fine. Généralement peu apprécié par les jardiniers, il est dur à travailler lorsqu'il est sec et lourd à travailler lorsqu'il est mouillé. En fait, ce sol ressemble un peu à une éponge : il se gorge d'eau en cas de pluie et se dessèche fort dès qu'il fait sec. L'astuce consiste à le laisser constamment humide.*

Au bout de quelques années d'exploitation, un jardin mené en permaculture arrive à son rythme de croisière. Et, dans la majorité des cas, il peut parfaitement se passer de travail au sol. La richesse en humus régulièrement entretenue par le renouvellement de la litière organique (voir règle n° 1) et les réseaux racinaires des végétaux auto-entretiennent l'aération et la souplesse du sol. Dans cette optique, il est donc essentiel d'associer le recours à une couverture permanente du sol avec l'absence de travail de celui-ci. Les deux vont de pair.

Règle n° 3 : halte au gaspillage !

Pour le permaculteur, la simple idée de gaspillage est révoltante. En permaculture, rien ne se perd et rien ne se crée. Mais tout se transforme et s'utilise. Les spécialistes de la question surnomment cela le « cercle vertueux ». Un cercle qui, en finalité, est tout à l'avantage du jardin et du jardinier.

Dans ce contexte, plusieurs mots reviennent très régulièrement comme de sains leitmotivs : recyclage, compost, engrais vert, fumier…

Le principe de base du **compost** est le suivant : toute matière végétale saine (et donc non traitée par des substances chimiques et non malade) est une source potentielle d'humus. Un compost peut transformer tous les ingrédients organiques. Quasiment toutes les matières d'origine végétale issues du jardin ou même de la cuisine peuvent y être intégrées : les

Compost en tas

La meilleure période pour démarrer un compost en tas est le printemps. Idéalement, il doit être installé dans un coin ombragé du jardin. L'utilisation d'un silo à compost n'a aucune répercussion sur la qualité finale du compost : ce silo ne sert qu'à mieux dissimuler le compost et à rendre le tas beaucoup plus discret.

Quatre étapes-clés sont indispensables :
- *aérer la terre à la grelinette à l'endroit précis où sera installé le futur tas de compost,*
- *déposer d'abord sur le sol les matériaux végétaux les plus grossiers (les branchages, les rameaux…),*
- *monter le tas de compost en alternant les divers matériaux (résidus de tontes de gazon, herbes sèches, feuilles mortes ramassées à l'automne, déchets végétaux provenant de la cuisine…),*
- *de temps à autre, ajouter au tas de compost une pelletée d'un compost entier ou, à défaut, une pelletée de terre. Cela va permettre d'enrichir le compost en germes de champignons et de bactéries qui seront fort utiles lors de la décomposition. Complémentairement, veiller à bien aérer le tas de manière régulière.*

épluchures de légumes, les résidus des tailles, ceux des tontes de gazon, les fleurs fanées, les feuilles mortes, les mauvaises herbes (à la condition qu'elles ne soient pas montées en graines), les fruits et légumes gâtés, les mottes de plantes cultivées et qui sont parvenues en fin de culture… mais aussi les coquilles d'œufs, le marc de café, le thé et les sachets de thé, les déjections des lapins et des poules qui font partie du petit élevage familial… Certains végétaux sont même particulièrement recommandés car ils ont une action équilibrante sur le compost : la tanaisie, l'ortie, le sureau, le pissenlit, la camomille, la valériane, la consoude, ou encore la fougère.

Un fumier, des fumiers

L'animal reste l'élément majeur, l'élément central dans le processus de production du fumier. Ses spécificités influencent de manière très importante la valeur fertilisante du fumier qui varie selon l'espèce animale, la race, le sexe, la digestibilité de l'alimentation…

Le fumier des ovins est très riche en éléments nutritifs, notamment en potasse. Il l'est en tout cas beaucoup plus que le fumier de bovins. Mais il n'est pas le seul : très riche en azote et en potasse, le fumier de volaille est jusqu'à cinq fois plus riche que celui des bovins. Mais il doit être utilisé avec une relative précaution car, mal employé, il risque de brûler les végétaux. Le fumier équin est chaud et léger, ce qui signifie qu'il réchauffe et allège les terres lourdes. Il est surtout caractérisé par sa rapide montée en température. Enfin, le fumier de porc est extrêmement froid et il est peu recommandé. Mais il peut éventuellement être mélangé à d'autres fumiers ou intégré à un compost végétal. Il est alors très bon pour fertiliser les concombres et les courges.

Phacélie.

Bien qu'il existe divers types de **fumiers**, tous sont issus de la récupération des litières des animaux d'élevage : les bovins, les volailles, les chevaux, les lapins... Ils sont composés d'un support végétal (de la paille la plupart du temps) et d'excréments. Ils relèvent donc du recyclage de matières organiques végétales et animales. Un fumier froid (fumier de vache, par exemple) est habituellement lourd, humide et compact. Il s'utilise prioritairement en automne et en hiver. Il donne plus de corps aux terres légères et leur confère une certaine fraîcheur. Un fumier chaud (fumier de volaille, de moutons, de chèvres...) est plutôt adapté aux terres argileuses. Il a tendance, comme son nom l'indique, à « chauffer » le sol.

Les **engrais verts** sont des végétaux qui sont cultivés sans pour autant être destinés à l'alimentation des animaux ou des hommes. Leur mise en culture permet plutôt de fournir à moindre coût de la matière végétale saine qui pourra être réincorporée à la terre afin d'enrichir sa teneur en humus. Produits dans le jardin et y retournant, les engrais verts s'intègrent idéalement dans l'esprit de recyclage qui est l'une des clés de la réussite de la permaculture. En culture, ils recouvrent et protègent le sol en le mettant en grande partie à l'abri des agressions météorologiques. Leurs racines aèrent la terre et améliorent sa structure. En outre, s'ils sont semés drus, ils empêchent également la prolifération des « mauvaises » herbes indésirables. Ils peuvent aussi aider à réguler le pH du sol. Autre avantage, et non des moindres : de nombreux végétaux peuvent être cultivés pour servir d'engrais verts. On parle ici de moutarde sauvage, de phacélie, de colza (non OGM, bien entendu), de trèfle incarnat, de ray-grass italien, de vesce de Cerdagne...

Avantages des engrais verts

Ils favorisent l'activité biologique. Une fois fauchés, ils vont se décomposer et attirer de nombreux organismes qui vont s'en nourrir. Cette nourriture va contribuer à augmenter l'activité biologique du sol (sans le moindre apport d'engrais), dont celles des indispensables micro-organismes. En plus de dégrader les engrais verts, ces derniers vont aussi dégrader d'autres éléments fertilisants déjà présents dans le sol, les rendant ainsi assimilables en plus grandes quantités par les cultures suivantes.

Ils apportent de l'humus. En se décomposant, les matières organiques vont apporter de l'humus au sol. Pour que cet apport soit significatif, il faut des engrais verts qui ont eu le temps de bien se développer, riches en cellulose et en carbone, comme le seigle, l'avoine, le chanvre, le maïs, le tournesol... Pour décomposer ces matières organiques, les bactéries ont aussi besoin d'une certaine quantité d'azote. Il est donc généralement préférable de semer les engrais verts en mélange avec une ou plusieurs variétés de légumineuses qui vont fournir cet azote.

Ils préviennent les maladies et les ravageurs. En utilisant des engrais verts diversifiés, en ne les faisant pas précéder ou suivre une culture de la même famille, le jardinier brise le cycle de certaines maladies et de plusieurs ravageurs.

L'eau,
indispensable source de vie

La gestion responsable et durable des ressources en eau fait partie des principes fondamentaux de la permaculture. Tout à la fois banale et précieuse, l'eau est un bien commun qui est aujourd'hui en danger. Il faut impérativement le préserver, le protéger et l'économiser. En privilégiant des pratiques culturales responsables et durables, en prônant les économies énergétiques, la permaculture permet d'assurer de très bons rendements tout en minimisant les consommations et en supprimant les gaspillages d'eau.

Des arrosages modulés

Lorsque l'on parle de l'eau destinée au jardin d'agrément ou au potager, on pense souvent à l'eau d'arrosage. C'est effectivement une solution. Mais elle n'est pas la seule. D'autres options – bien souvent plus économiques – existent. Certaines d'entre elles permettent de limiter les arrosages. D'autres peuvent dans certains cas le rendre superflu.

Le jardinier qui suit les préceptes permaculturels a tendance à moduler ses arrosages en fonction des conditions météorologiques et des saisons.

Au printemps et en automne, les arrosages se font en matinée, ce qui permet au sol de ressuyer pour la nuit suivante. En été, les arrosages s'effectuent en soirée, ce qui limite l'évaporation. Après l'arrosage vespéral, en cours de nuit, les végétaux chargent leurs tissus en eau pour mieux lutter contre la chaleur du jour suivant. Il existe cependant une exception à cette règle, qui concerne les plantes sensibles aux attaques de limaces et d'escargots : elles préfèrent les arrosages matinaux.

Une eau à capter et à stocker !

Capter et stocker les eaux environnantes (en veillant toujours à ce qu'elles ne soient pas polluées et dans le respect des législations) via des outils et des techniques intelligentes représente toujours un atout pour le jardin.

*• **Le puits :** celui-ci collecte les eaux de surface, les eaux pluviales, les humidités résiduelles et même parfois, par une sorte de phénomène de capillarité, les eaux d'une nappe phréatique proche.*

*• **Le forage :** il puise l'eau dans une veine d'eau souterraine ou dans une nappe aquifère. La profondeur du forage dépend de la situation de la veine ou de la nappe à exploiter : elle ne peut être que de vingt ou trente mètres, mais peut aller jusqu'à quatre-vingts ou cent mètres, voire davantage. Attention : un forage n'est pas un simple trou dans le sol ! Sa mise en place est relativement onéreuse et assez lourde : tubes en PVC spéciaux, pompes de forage... Mais une telle installation, malgré son coût assez élevé, présente tout de même d'indéniables avantages : un débit supérieur à celui d'un puits, un débit constant qui n'est pas tributaire des saisons...*

*• **La toiture :** une toiture dotée d'une pente suffisante et complétée par des gouttières permet de récupérer de grandes quantités d'eau pluviale et de l'utiliser pendant des périodes plus ou moins longues en fonction du récupérateur d'eau installé.*

La chasse au gaspi !

Mais avant de songer à économiser l'eau, la première chose à faire est de mener une chasse sans pitié à toute forme de gaspillage. Il faut garder en mémoire le fait que, hormis les plantes aquatiques, la plupart des végétaux risquent plus de mourir parce qu'ils ont les racines dans l'eau que parce que la terre est trop sèche. Quand les racines stagnent dans l'eau, les risques de problèmes sont nombreux : moisissures, pourrissement, asphyxie...

Un don du ciel

À défaut de puits ou de forage, l'eau de pluie reste bien souvent la principale source d'eau pour arroser les plantes au jardin. Elle a un double avantage : elle est gratuite et elle est globalement moins polluée que l'eau de distribution. Attrait supplémentaire : il s'agit d'une eau bien aérée. Elle est donc parfaite pour les arrosages.

Son principal inconvénient réside dans le fait qu'elle n'est disponible que de manière variable tant au niveau du volume d'eau que de la périodicité des averses. Tout cela peut sensiblement varier au fil des saisons et d'une région à l'autre. Il est donc souvent fort intéressant d'investir dans un système de récupération des eaux pluviales.

Éviter les légumes les plus gourmands en eau

Une autre manière d'économiser l'eau est d'éviter d'installer les légumes qui en ont le plus besoin. Certes, tous les légumes ont besoin d'eau, mais leurs besoins particuliers ne sont pas tous identiques.

Les légumes qui présentent un feuillage particulièrement abondant perdent souvent plus d'eau que les légumes qui développent un important système racinaire. Les légumes-racines et les bulbes (pomme de terre, navet, carotte, radis...) ont des besoins en eau assez importants lors de la période de grossissement des racines ou des bulbes. Enfin, les melons, pastèques et autres maïs sont également à éviter si l'on fait vraiment attention à sa consommation d'eau.

À l'inverse, d'autres végétaux sont à recommander. Et – bonne nouvelle ! – ils sont relativement nombreux, ce qui permet une belle diversité au potager : ail, pois, oignon, haricot, topinambour, échalote, fenouil, panais, herbes aromatiques, artichaut, bette, raifort... n'ont pas d'exigences inconsidérées en eau (certains d'entre eux, tels que l'ail ou l'oignon, redoutent même les excès d'humidité) pourvu qu'ils bénéficient de conditions culturales optimales.

Arrosage et économies d'eau : dix astuces !

1. *Utilisez un minuteur et un arrosage goutte à goutte.*
2. *Désherbez manuellement la surface de la terre près des plantes, pour que les mauvaises herbes ne profitent pas de l'eau réservée aux « bonnes » plantes.*
3. *Suivez l'adage qui veut que « un binage vaut deux arrosages » : griffez le sol pour ameublir la couche supérieure de terre et augmenter l'efficacité des arrosages.*
4. *Paillez la surface du sol avec des écorces de pin, du terreau, du compost... qui maintiennent le sol frais et réduisent l'évaporation.*
5. *Plantez au bon moment, en dehors des périodes les plus chaudes ou les plus froides.*
6. *Plantez des espèces adaptées à l'environnement et au climat.*
7. *Évaluez les précipitations qui vous économiseront peut-être des arrosages.*
8. *Arrosez plus profondément pour que l'eau pénètre sur 20 à 25 cm dans le sol.*
9. *Arrosez tôt le matin car, en journée et en plein soleil, l'arrosage n'est efficace qu'à 20 %, le reste partant en évaporation.*
10. *Privilégiez l'eau de pluie, voire de l'eau recyclée, qui sont gratuites.*

Ail.

Et les auxiliaires ?

Dans le cadre spécifique de la permaculture, les diverses pratiques visent à favoriser une association la plus idéale et profitable possible entre la vie animale sauvage (les limaces, les escargots, les insectes, les vers de terre, les oiseaux...) et la production végétale. Il est possible d'ajouter des animaux domestiques, mais c'est loin d'être une obligation. Surtout si l'espace est relativement restreint.

Les animaux domestiques : facultatifs mais très utiles

Loin du fléau écologique et sanitaire des élevages industriels, les animaux domestiques tiennent une place non négligeable dans les systèmes en permaculture. Plutôt que d'y voir une perte d'espace ou d'efficacité, les animaux complexifient le système, ajoutant des maillons à la chaîne d'utilisation de certaines ressources (donner les restes des repas aux animaux et utiliser le fumier, plutôt que de composter directement).

Le nombre d'animaux doit bien entendu être adapté aux capacités du système. On choisit le nombre d'animaux en fonction de la nourriture disponible qui peut leur être dédiée, et donc de la surface de production de cette nourriture ; de la taille de leur espace vital, sans toutefois compromettre l'autonomie énergétique du système ou les récoltes destinées à l'homme ; et enfin de la gestion du système permaculturel sans se laisser déborder par une surcharge de travail.

Précieux auxiliaires

En dehors des animaux domestiques – poules, canards, chèvres, moutons... – qui peuvent lui être d'une aide précieuse, le permaculteur peut également compter sur

Le gîte et le couvert

***Le gîte** : un « hôtel à insectes », un tas de branchages, des bûches percées de trous, des tas de feuilles mortes, des murets de pierres sèches (parfait pour les lézards), des nichoirs de différentes tailles (à condition de les nettoyer régulièrement sans utiliser de produits chimiques afin d'éviter toute éventuelle propagation de maladies)... sont bien utiles pour offrir un abri aux plus fidèles auxiliaires.*

***Le couvert** : un espace laissé sauvage dans le jardin (non tondu régulièrement, avec des plantes montées en graines) qui attire insectes et musaraignes, une haie champêtre, une prairie fleurie, une mare... permettent à la plupart des animaux auxiliaires de trouver assez de nourriture.*

une multitude d'autres petits animaux que l'on regroupe sous le terme « d'auxiliaires du jardinier ». On parle ici des abeilles, des coccinelles, des crapauds, des hérissons...

En permaculture, on part du principe que, dans la nature, tout a une raison d'être. Autre principe essentiel : il n'existe pas à proprement parler de « bons » et de « mauvais » insectes ou animaux puisque chaque espèce a un rôle important et précis à jouer dans la chaîne biologique. Un exemple pour illustrer cela ? La taupe. Elle est le cauchemar des jardiniers qui veulent à tout prix avoir une belle pelouse uniforme. Mais il s'agit surtout d'un animal qui dévore quantité de larves dont elle débarrasse utilement le potager.

Pourtant certains animaux ou insectes provoquent parfois des ravages dans le jardin ou dans le potager. Pour les contrer de manière aussi efficace que naturelle, il est alors utile de s'allier quelques auxiliaires efficaces pour limiter les dégâts.

Ces auxiliaires naturels peuvent être classés en trois grandes catégories.
- Les insectes pollinisateurs : on parle ici d'abeilles, de bourdons... Ils se nourrissent du nectar et du pollen des fleurs. Ils participent à la fécondation des végétaux et donc à la formation de graines et de fruits.
- Les parasites : ceux qui intéressent plus spécifiquement le jardinier actif en permaculture sont des insectes. Certains sont des parasites des œufs tandis que d'autres sont des parasites de larves.
- Les prédateurs : coccinelles, batraciens, musaraignes... chassent et dévorent nombre d'ennemis au jardin.

Le gîte et le couvert

Nombreux sont donc les insectes, les oiseaux... utiles au jardin et au jardinier. Ils régulent la population de nuisibles, jouent un rôle essentiel dans la pollinisation et donnent de la vie au jardin.

Mais pour qu'ils jouent un rôle utile, encore faut-il qu'ils soient bien présents. Et pour cela, le jardinier a intérêt à tout mettre en œuvre pour les attirer et les fidéliser. L'idéal étant de leur offrir le gîte et le couvert.

L'eau est primordiale pour attirer et retenir les animaux, insectes et oiseaux auxiliaires. Dans les plus petits jardins, un simple point d'eau permettra aux libellules, aux chauves-souris, aux oiseaux de boire. Dans les espaces plus grands, il peut être intéressant de creuser une mare naturelle qui offrira non seulement à boire, mais aussi le gîte et un lieu propice à la reproduction. Par exemple pour les crapauds qui sont les prédateurs naturels des limaces : ils vivent sur la terre, mais pondent leurs œufs dans l'eau.

Conseils pratiques
pour un potager en permaculture

Un potager en permaculture est pensé et conçu de manière à imiter la nature au plus près, notamment en ce qui concerne la croissance des végétaux et l'interaction entre les diverses espèces.

Idéalement, le potager en permaculture est essentiellement, voire exclusivement, composé de plantes indigènes. Il exploite au mieux la lumière du soleil et utilise les ressources en eau de la manière la plus optimale tout en occupant une superficie totale inférieure à celle d'un potager exploité de manière plus classique.

Les principes de base de la permaculture étant, entre autres, de sauvegarder et de protéger l'écosystème tout en s'appuyant sur les lois de la nature, le permaculteur obtient immanquablement un jardin agréablement diversifié, productif et qui ne nécessite qu'un minimum d'entretien.

Voici dix conseils pour démarrer un potager en permaculture dans les meilleures conditions.

1. Avant de démarrer votre potager, familiarisez-vous avec les plantes indigènes. Apprenez aussi à connaître les animaux et les insectes de votre région, notamment ceux qui peuvent causer des ravages dans vos plantations ou, au contraire, ceux qui deviendront vos plus fidèles auxiliaires.

2. Apprenez à connaître votre parcelle de terrain et déterminez ses différentes zones en fonction de l'ensoleillement, de la luminosité, de l'ombrage, des vents, du relief et des pentes...

3. Établissez la liste précise des plantes que vous voulez installer au potager. Regroupez-les en fonction de leur sensibilité aux prédateurs et de leurs besoins spécifiques en soleil, eau...

4. Occupez-vous en priorité des petites plantes. Créez des buttes d'une hauteur de 15 à 30 cm et d'une largeur suffisante pour accueillir deux rangées de plantes. L'un des avantages des buttes est qu'elles ont un impact minimal sur le jardin : elles permettent de ne pas directement cultiver le sol et donc d'éviter l'épuisement des éléments nutritifs.

5. Occupez-vous ensuite des plus grandes plantes. Elles doivent fournir de l'ombrage aux plus petits végétaux qui, souvent, sont plus sensibles au soleil.

6. Positionnez les végétaux qui demandent plus de soin et d'attention « à vue », à proximité de la maison.

7. Installez les végétaux qui ont des besoins en eau similaires sur les mêmes buttes. Songez aussi aux bonnes associations de plantes : certaines d'entre elles sont « amies » avec d'autres, les unes pouvant protéger ou soigner les autres.

8. N'oubliez pas d'étaler du paillis sur les buttes. Le paillis empêche la prolifération des mauvaises herbes. Il contribue aussi à enrichir la terre, élimine le besoin d'engrais et de désherbants toxico-chimiques.

9. Pensez à préparer et à utiliser un bon compost, de préférence « fait maison ». Le compost est un engrais naturel très efficace qui permet de recycler et de réutiliser des déchets ménagers (épluchures de légumes, fruits non cuits, marc de café...) et des déchets verts (mauvaises herbes, feuilles mortes, gazon coupé...) mélangés avec des vieux papiers, des cartons ou même de la sciure.

10. Installez un système d'irrigation économe en eau et performant. Un arrosage en goutte-à-goutte (tuyau percé de petits trous et disposé le long

d'une bordure) est un bon moyen pour faire pénétrer l'eau directement dans le sol en évitant toute évaporation inutile. Arrosez uniquement quand c'est nécessaire et faites varier les quantités d'eau en fonction des conditions météorologiques et selon les types de plantes. Dans le même ordre d'idée, n'hésitez pas à récupérer les eaux de pluie avant de les recycler dans le système d'arrosage.

	Associations favorables	Associations défavorables
Ail	✔ tomate, carotte, betterave, laitue, fraisier	✗ haricot, pois, fève
Asperge	✔ poireau, chou, pois, haricot, tomate, persil, basilic, concombre	✗ rhubarbe, betterave
Aubergine	✔ haricot, souci, chanvre	
Carotte	✔ poireau, salades, pois, tomate, oignon, ail, ciboulette, coriandre, tanaisie, romarin	✗ panais, pomme de terre, aneth, fenouil
Choux	✔ asperge, haricot, pois, céleri, pomme de terre, chanvre, thym, sauge, romarin, menthe	✗ moutarde
Concombre	✔ oignon, pois, salades, haricot, asperge, basilic, origan, capucine	✗ tomate, aubergine, pomme de terre
Courges	✔ laitue, souci, capucine	✗ pomme de terre
Épinard	✔ salade, haricot, pois, poireau, fraisier	✗ oseille, coriandre
Fraisier	✔ laitue, haricot, tomate, épinard, thym	✗ chou-fleur
Haricot	✔ pomme de terre, céleri, poireau, chou, carotte, asperge, salades, épinard, concombre, fraisier, aubergine, sarriette, souci	✗ tomate, ail, oignon, fenouil
Oignon, échalote	✔ concombre, carotte, tomate, salades	✗ poireau, pois, fève, haricot
Poireau	✔ tomate, carotte, rhubarbe, céleri, salades	
Pois	✔ carotte, pomme de terre, radis, concombre, courges, navet	✗ ail, poireau
Pomme de terre	✔ pois, haricot, chou, céleri, chanvre, ricin, raifort sauvage	✗ tomates, cucurbitacées, carotte, fraisier, framboisier
Radis	✔ salades, cresson, pois	✗ cerfeuil, haricot
Salades	✔ carotte, chou-fleur, poireau, radis, fraisier, céleri, concombre, courges	✗ laurier, persil
Tomate	✔ asperge, carotte, ail, oignon, persil, aneth, basilic, œillet d'Inde, chanvre, souci	✗ pomme de terre, haricot, fenouil, cucurbitacées

Carotte

Semis : avril à juillet
Récolte : août à octobre

Pour une culture réussie

Semis et repiquage : le semis des carottes de printemps s'effectuent en janvier ou février sur couche, dans une caisse ou sous châssis. Après la levée, il ne faut conserver que les plants les plus vigoureux, en les espaçant d'environ 3 à 4 cm. Attention, les carottes germent assez lentement : il ne faut donc pas s'étonner de devoir attendre trois semaines (ou plus) pour voir apparaître la première fane.
Sol et exposition : sol léger, retenant bien l'humidité et bien ameubli. Les terres argileuses ne conviennent pas non plus. Exposition ensoleillée.
Entretien : pour éviter les carottes tordues ou fourchues, il est conseillé de bien ameublir le terre et d'éliminer soigneusement tous les cailloux, mais aussi d'éviter les apports de matières organiques fraîches. Un paillage est encore à recommander dans la mesure où il permet d'éviter la formation de carottes éclatées qui sont généralement la conséquence d'une longue période pluvieuse suivie d'une période de sécheresse.
Récolte : les carottes de printemps s'arrachent environ dix semaines après le semis.

Jardinage avec la Lune

La préparation et l'enrichissement des sols, l'éclaircissage, l'entretien et la récolte doivent être réalisés en lune descendante, quand elle passe devant la constellation de la Vierge. Le semis doit être réalisé en lune ascendante, devant les constellations du Capricorne et du Taureau. La multiplication doit être effectuée en lune ascendante, quand elle passe devant les constellations du Bélier et du Sagittaire.

Courges et courgettes

Semis : avril-mai
Récolte : juin à octobre

Pour une culture réussie

Semis et repiquage : semez en avril, sous abri chauffé ou directement en place dans les régions les plus clémentes. Déposez 3 ou 4 graines : dans le premier cas, par godet de tourbe, dans le second, par poquet. Mettez en place les godets quand la température extérieure le permet (15 °C) et protégez (cloche, tunnel…) au début. Au repiquage, conservez le plant le plus développé de chaque poquet et supprimez les autres. Respectez un écartement de 1 m pour les variétés non coureuses et de 1,20 à 1,50 m pour les autres. Recouvrez les graines de 2 cm de terreau.
Sol et exposition : le sol doit être léger et bien drainé, profond et riche en humus. Exposition ensoleillée.
Entretien : pendant l'été, maintenez le sol frais par des arrosages, des binages et des paillages (avec du compost autour de chaque pied) en cas de sécheresse.
Taille : les variétés coureuses sont pincées au-dessus de la 2e feuille (quand la plante a déjà quelques feuilles) ; pincez ensuite au-dessus de la 2e feuille après le dernier fruit les tiges secondaires dont la naissance a été provoquée par le premier pincement.
Récolte : récoltez les courges à maturité complète, en octobre ; cueillez les courgettes quand elles sont encore jeunes : elles sont meilleures. On peut les conserver quelques jours après la récolte.

Jardinage avec la Lune

La préparation et l'enrichissement du sol, l'éclaircissage, la plantation et l'entretien doivent être réalisés en lune descendante, devant la constellation du Lion. Le semis et la récolte doivent être effectués en lune ascendante, devant les constellations du Bélier et du Sagittaire.

Fraisier

Semis : mars-avril, août-septembre
Récolte : mai à octobre

Pour une culture réussie

Plantation : plantez les variétés remontantes en mars-avril ; plantez les non remontantes en août-septembre. Espacez les plants de 40 cm. Installez les fraisiers avec leur motte, mais le bourgeon central hors de terre.
Sol et exposition : le fraisier nécessite un sol frais et bien drainé, riche en matières organiques, et une exposition ensoleillée.
Entretien : arrosez au goulot, au pied car le fraisier demande beaucoup d'eau, en particulier durant la formation des fruits. Paillez... mais évitez la paille car l'humidité pourrit les fraisiers et sert d'abri aux parasites. Employez plutôt des paillettes de lin ou des billes d'argile.
Récolte : les variétés remontantes se récoltent dès le mois de mai (sous tunnel) et jusqu'en octobre. Les fraisiers non remontants produisent en juin-juillet. Pour bénéficier au maximum de leur beauté, de leur saveur et de leur parfum, les fraises doivent être cueillies à la main, en début de matinée, puis consommées dans la journée.

Jardinage avec la Lune

La préparation et l'enrichissement du sol, la plantation, l'entretien et la multiplication doivent être effectués en lune descendante, lorsque celle-ci passe devant la constellation du Lion. La récolte doit être effectuée en lune ascendante, lorsque celle-ci passe devant les constellations du Bélier et du Sagittaire.

Framboisier

Plantation : novembre à février
Récolte : juin à octobre

Pour une culture réussie

Plantation : les jeunes framboisiers se plantent entre novembre et février, à condition qu'il ne gèle pas.
Sol et exposition : un sol acide, léger et riche en humus est idéal, de même qu'une exposition ensoleillée.
Taille : l'année suivant la plantation, il est conseillé de supprimer les premières pousses, ainsi que les rejets les plus faibles. Les cannes ayant fructifié doivent être rabattues la troisième année.
Entretien : le framboisier craint les périodes de sécheresse. Il ne faut donc pas négliger les arrosages en été (que ce soit à la plantation ou pour les plantes déjà installées). Le sol peut être paillé afin de conserver une certaine fraîcheur. Les rejets trop éloignés du pied d'origine doivent être supprimés chaque année.

Récolte : la récolte s'échelonne depuis le mois de juin jusqu'aux premières gelées en fonction des variétés. On repère aisément les fruits prêts à être cueillis : ils se détachent très facilement. Une récolte tous les deux à trois jours est idéale.

Jardinage avec la Lune

La plantation, l'entretien, la taille et la multiplication doivent être effectués en lune descendante, en jour-fruit, lorsque celle-ci passe devant la constellation du Lion. La récolte sera idéale en lune ascendante, en jour-fruit, devant les constellations du Bélier et du Sagittaire.

Haricot

Semis : mai à août
Récolte : juillet à septembre

Pour une culture réussie

Semis et repiquage : on distingue de nombreuses variétés de haricots : haricot vert à filets nain, haricot vert à filets sans fil nain, haricot beurre, mangetout nain, haricot à rames mangetout, haricot à grains nain et haricot à rames. Les semis, directement en place et en ligne, s'effectuent dès que la température dépasse 10 °C.
Sol et exposition : le haricot est peu exigeant, même s'il préfère les sols légers et frais (les terrains trop lourds favorisent le développement des maladies). Il apprécie les climats chauds et une exposition ensoleillée.
Entretien : quand les plants ont une dizaine de centimètres, binez et buttez-les. Profitez-en pour tuteurer les variétés à rames (jusqu'à 3 m). Arrosez abondamment, au goulot, en évitant de mouiller le feuillage, surtout à partir de la floraison et après chaque cueillette.
Récolte : cueillez les mangetout une fois par semaine ; cueillez les haricots à filets (gousses longues et fines) tous les 2-3 jours pour qu'ils ne prennent pas le fil (parchemin). Les pieds des haricots à grains, que l'on consomme secs, sont arrachés entiers pour être conservés au sec, suspendus.

Jardinage avec la Lune

La préparation et l'enrichissement du sol, ainsi que l'entretien doivent être effectués en lune descendante, lorsque celle-ci passe devant la constellation du Lion. Le semis, la multiplication et la récolte doivent être effectués en lune ascendante, lorsque celle-ci passe devant les constellations du Bélier et du Sagittaire.

Laitue

Semis : janvier à septembre
Récolte : mars à octobre

Pour une culture réussie

Semis et repiquage : **les laitues de printemps** se sèment entre janvier et mars, mais toujours à une température avoisinant 13 à 15 °C (une serre peut être nécessaire dans les régions les plus froides). Couvrez légèrement les graines et tassez. Le repiquage a lieu trois à quatre semaines après le semis, quand les plants présentent trois ou quatre feuilles.
Les laitues d'été et d'automne se sèment d'avril à août, directement en place. Un éclaircissage est nécessaire après deux ou trois semaines, afin de ne conserver que les plus beaux plants, espacés de 30 cm.
La laitue d'hiver se sème en août et septembre, est éclaircie deux à trois semaines plus tard, et est plantée six semaines après le semis.
Sol et exposition : la laitue aime les sols frais et riches en humus, avec une exposition bien ensoleillée.
Entretien : aérez les châssis, protégez éventuellement du froid les jeunes semis de pleine terre, binez, sarclez et arrosez.
Récolte : la laitue de printemps se récolte environ deux mois après le semis. Les laitues d'été et d'automne se récoltent dès la mi-mai (pour les variétés à couper) ou le mois de juin (pour la laitue pommée). La laitue d'hiver se récolte du mois de mars au mois de mai.

Jardinage avec la Lune

La préparation et l'enrichissement des sols, l'éclaircissage, la plantation et l'entretien doivent être effectués en lune descendante, devant les constellations du Cancer et du Scorpion. Les semis, la récolte et la conservation sont effectués en lune ascendante, devant la constellation des Poissons.

Navet

Semis : mars-avril, août-septembre
Récolte : mai à juillet, septembre à décembre

Pour une culture réussie

Semis et repiquage : on distingue les navets de printemps et d'été, et ceux d'automne. Ces derniers se sèment en juillet-août et doivent être éclaircis deux ou trois semaines plus tard.
Sol et exposition : terre légère enrichie de compost bien mûr. Les sols secs et trop calcaires ne conviennent pas. Exposition ensoleillée.
Entretien : aérez la terre, éliminez les mauvaises herbes et arrosez régulièrement le sol pour éviter que les racines deviennent creuses.
Récolte : l'arrachage commence environ trois mois après le semis, de préférence pendant les journées les plus sèches et avant les fortes gelées.

Jardinage avec la Lune

La préparation et l'enrichissement du sol, l'éclaircissage, l'entretien et la récolte doivent être effectués en lune descendante, lorsque celle-ci passe devant la constellation de la Vierge. Le semis doit être effectué en lune ascendante, lorsque celle-ci passe devant les constellations du Capricorne et du Taureau.

Poireau

Semis : février à août
Récolte : toute l'année

Pour une culture réussie

Semis et repiquage : il faut distinguer les poireaux à semer sous abri des poireaux baguettes et des poireaux d'automne-hiver. Ceux-ci peuvent être semés de mars à mai, avec une plantation prévue deux mois plus tard.
Sol et exposition : le sol doit être bien ameubli et fertile. Exposition ensoleillée de préférence.
Entretien : binez, sarclez et arrosez régulièrement (un temps trop sec favorise l'installation du ver du poireau). Buttez sur une dizaine de centimètres de hauteur les variétés qui seront récoltées en automne et en hiver pour blanchir le fût des plantes et les protéger du froid. Vous pouvez aussi installer une épaisse couche de feuilles mortes ou de paille, ou encore de paillettes de lin.
Récolte : la récolte s'effectue toute l'année, en fonction des besoins.

Jardinage avec la Lune

La préparation et l'enrichissement du sol, l'éclaircissage, la plantation, l'entretien et la récolte doivent être effectués en lune descendante, lorsque celle-ci passe devant la constellation de la Vierge. Le semis doit être effectué en lune ascendante, lorsque celle-ci passe devant les constellations du Capricorne et du Taureau. La multiplication doit être effectuée en lune ascendante, lorsque celle-ci passe devant les constellations du Bélier et du Sagittaire.

Pois

Semis : février à juin
Récolte : juillet-août

Pour une culture réussie

Semis et repiquage : il faut distinguer les pois avec semis de fin d'hiver et de printemps, du pois avec semis d'automne. Ce dernier se sème en place entre février et avril (pour le pois rond et mangetout) ou entre mars et juin (pour le pois ridé).
Sol et exposition : terre légère et fraîche. Le pois n'apprécie pas les sols trop humides et calcaires. Situation lumineuse mais pas sèche (le pois n'aime pas les grosses chaleurs).
Entretien : les mauvaises herbes doivent être éliminées régulièrement et un buttage doit être réalisé trois semaines après la levée pour favoriser l'enracinement. Un bon arrosage par temps sec éventuellement associé à un paillage sont essentiels.
Récolte : récoltez les gousses quand elles sont bien pleines (au moins deux fois par semaine), ou bien quand les grains commencent à se former pour les mangetout. Cueillez au fur et à mesure des besoins, car il est préférable de consommer les pois le plus rapidement possible (si l'on n'en fait pas des conserves ou si l'on ne les congèle pas).

Jardinage avec la Lune

La préparation et l'enrichissement du sol ainsi que l'entretien doivent être effectués en lune descendante, lorsque celle-ci passe devant la constellation du Lion. Le semis, la multiplication et la récolte doivent être effectués en lune ascendante, lorsque celle-ci passe devant les constellations du Bélier et du Sagittaire.

Pomme de terre

Semis : février-mars, avril-mai
Récolte : avril à septembre

Pour une culture réussie

Plantation : les pommes de terre primeurs se plantent en février et en mars, tandis que celles de conservation doivent attendre avril et mai, en commençant par les plus tardives. Dans tous les cas, il est vivement conseillé d'attendre la fin des dernières gelées pour procéder à toute plantation.
Sol et exposition : la pomme de terre apprécie un sol profond, meuble et riche en humus, ainsi qu'une exposition ensoleillée.
Entretien : un binage quelques jours après la levée est le bienvenu. Dès que les plants ont atteint une quinzaine de centimètres de hauteur, il faut les butter en ramenant la terre autour des tiges de manière à les enterrer. Cette opération a notamment pour but de favoriser un bon enracinement, mais aussi une bonne tenue des tiges.

Récolte : la récolte des pommes de terre primeurs doit être réalisée avant complète maturité, tout juste après la floraison, c'est-à-dire deux à trois mois après la plantation (entre la mi-avril et le mois de juin). De leur côté, les pommes de terre de conservation se récoltent dès que le feuillage est sec, soit quatre à cinq mois après la plantation.

Jardinage avec la Lune

La préparation et l'enrichissement du sol, la plantation, l'entretien et la récolte s'effectuent en lune descendante, devant la constellation de la Vierge.

Radis

Semis : avril à septembre
Récolte : mai à novembre

Pour une culture réussie

Semis : on distingue les radis d'hiver, les radis d'été et d'automne, et les radis de tous les mois. Ces derniers se sèment presque toute l'année, surtout de février à octobre (sous tunnel ou châssis au cours des mois les plus froids). L'éclaircissage intervient dix à quinze jours plus tard.
Sol et exposition : le radis demande une terre fraîche et un emplacement ensoleillé. Il apprécie les terres humifères (mais pas de fumures récentes). Débarrassez le sol des cailloux qui pourraient déformer les racines.
Entretien : un sol désherbé et aéré est essentiel, de même que des arrosages limitant le goût piquant des racines.

Récolte : la récolte intervient un mois après le semis, au fur et à mesure des besoins et en commençant par les plus belles racines.

Jardinage avec la Lune

La préparation et l'enrichissement du sol, l'éclaircissage, l'entretien et la récolte doivent être effectués en lune descendante, lorsque celle-ci passe devant la constellation de la Vierge. Le semis doit être effectué en lune ascendante, lorsque celle-ci passe devant les constellations du Capricorne et du Taureau. La multiplication doit être effectuée en lune ascendante, lorsque celle-ci passe devant les constellations du Bélier et du Sagittaire.

Tomate

Semis : février-mars
Récolte : juin à octobre

Pour une culture réussie

Semis et repiquage : les semis sont généralement effectués en février et en mars, en mini-serre. Le repiquage intervient environ deux semaines après la levée, lorsque les plants présentent deux ou trois belles feuilles. Les tomates s'installent au jardin dès le mois d'avril dans les régions bénéficiant d'un climat doux, ou après les saints de glace (à la mi-mai) dans les autres zones.
Sol et exposition : la tomate demande un sol riche en compost, peu argileux, et une exposition ensoleillée.
Entretien : binages, désherbages et arrosages (uniquement au pied des plants, sans mouiller les feuilles) sont à réaliser en fonction des besoins. Les plants doivent être attachés à un tuteur, notamment au niveau des bouquets de fruits afin de bien les soutenir. Les gourmands seront éliminés à la main, le plus tôt possible (au besoin, agissez plusieurs fois par semaine).

Récolte : la récolte débute vers la mi-juin et dure jusqu'aux premières gelées. Elle s'effectue au fur et à mesure du développement des fruits.

Jardinage avec la Lune

La préparation et l'enrichissement du sol, le repiquage, la plantation, l'entretien et la taille doivent être réalisés en lune descendante, devant la constellation du Lion. Le semis, la multiplication et la récolte sont effectués en lune ascendante, lorsque celle-ci passe devant les constellations du Bélier et du Sagittaire.

Calendrier lunaire
2024

Comprendre et utiliser les tableaux lunaires hebdomadaires

Nos tableaux sont fondés sur le cycle périodique lunaire (lune montante-descendante) difficile à observer de visu, ainsi que sur l'influence des constellations au moment où la Lune passe devant elles. Notons qu'il s'agit des douze constellations « classiques ». Ce qui exclut les autres (Orion, Sextant...), cependant répertoriées par les astronomes.

Les quatre éléments en rapport avec les quatre parties des plantes

Ces constellations zodiacales ont une symbolique comparable à celles des signes du zodiaque astrologique. On distingue les signes de terre (Capricorne, Taureau, Vierge), les signes d'eau (Poissons, Cancer, Scorpion), les signes d'air (Gémeaux, Balance, Verseau) et les signes de feu (Sagittaire, Bélier, Lion). Ces quatre éléments sont mis en relation avec les quatre parties des plantes, racines, feuilles, fleurs et fruits. Lorsque la Lune passe devant la constellation du Bélier, par exemple, signe de feu associé à la fructification, les légumes cultivés pour leurs fruits sont favorisés. Cela est signalé dans le tableau sous la dénomination de « jour-fruit » à chaque fois que la Lune passe devant cette constellation, c'est-à-dire plusieurs fois par mois.

Jour-fruit

Jour-fleur

Jour-racine

Jour-feuille

Par ailleurs, l'influence des constellations se combine avec le mouvement apparent de la Lune dans le ciel, montant ou descendant. Le mouvement montant favorise les semis, le mouvement descendant est bénéfique aux plantations et aux repiquages. Ainsi, on sèmera les carottes (légume-racine) en Lune montante et les jours racine, lorsque la lune passe devant la constellation du Capricorne, du Taureau ou de la Vierge.

Bien sûr, ces mouvements de la Lune ne correspondent pas exactement avec notre calendrier en jours, semaines et mois. Il se peut, par exemple, qu'un dimanche commence en jour feuille et se poursuive en jour fruit.

Les horaires sont établis à la minute près. On doit tenir compte de l'éloignement du jardin par rapport au méridien de Greenwich, situé dans le tiers ouest de la France. Le jardinier brestois devrait retrancher 18 minutes aux mentions horaires des tableaux ci-après, alors que celui de Strasbourg devrait ajouter une demi-heure. Il faut donc relativiser les horaires des semis et des plantations. Bien entendu, nous avons tenu compte des passages à l'heure d'été et à l'heure d'hiver.

Les périodes lunaires néfastes

Il est tenu compte de certaines particularités du mouvement de la Lune. À savoir l'apogée, où la Lune se trouve la plus éloignée de la Terre, et le périgée, où au contraire elle est la plus proche. Mais aussi des nœuds lunaires, ascendant et descendant. L'existence de ces perturbations ou leur intensité étant assez discutées, nous avons adopté la période de 5 h avant et 5 h après ces épisodes, pendant lesquels il faut éviter le jardinage, délai qui est le plus généralement retenu. D'autres spécialistes peuvent conseiller de ne pas jardiner pendant 12 h, voire 24 h. Nombre de jardiniers qui suivent un calendrier lunaire ne tiennent pas compte de ces périodes néfastes : nous avons placé celles-ci à part dans les tableaux hebdomadaires, avec une indication de plus ou moins 5 h « environ ».

Le rythme croissant-décroissant

Nous avons mentionné le rythme le plus connu de la Lune, croissant-décroissant. Toutefois, il faut savoir qu'il est difficile de tenir compte en même temps des deux cycles lunaires ainsi que des passages devant les constellations.

Par exemple : il est parfois conseillé de planter les arbres fruitiers en lune à la fois descendante et croissante. Or une période favorable dans l'un des cycles ne l'est pas forcément dans l'autre. Ce qui peut amener à repousser sans cesse la plantation. Sans doute, on trouvera en janvier ou février de l'année suivante le « créneau » parfait. Le bon sens commande toutefois qu'en octobre ou en novembre, quand le temps n'est généralement pas encore très froid, on se trouve dans une période propice pour planter un arbre qui aura tout le temps de s'installer avant de démarrer au printemps.

Certains vont jusqu'à vouloir concilier les deux phases de la Lune avec les marées. Pour continuer notre exemple, il faudrait alors planter un pommier en lune descendante et décroissante, en marée montante, ou alors en lune descendante et décroissante, en marée descendante. Un vrai casse-tête !

Périodes de semis et de plantations

Plusieurs périodes de semis et de plantations sont suggérées : au jardinier de choisir les plus adaptées à son climat, à l'avancement de la végétation, à la météo... Nous n'avons pas mentionné systématiquement les périodes de repiquages correspondant aux semis, ni les périodes de récoltes en fonction des plantations.

D'une manière générale, il faut savoir que l'on doit semer en lune montante, repiquer et planter en lune

descendante, si possible dans le jour (fruit, racine, feuille, fleur) correspondant au type de légume.

Pour les récoltes, on fait si possible celles des légumes-feuilles et des fruits (ainsi que les grains) en lune montante. Alors que les légumes-racines sont à récolter en lune descendante.

Le travail du sol se fait en lune descendante, en jours racine si possible.

Lune rousse, saints de glace

Beaucoup de jardiniers tiennent plus ou moins compte de ces périodes traditionnelles, les unes fixes (les fameux saints de glace), les autres mobiles (la période de lune dite « rousse », car elle pourrait roussir les plantules) sont fonction de la date de Pâques, variable d'une année sur l'autre. Nous les avons mentionnées.

De même, nous avons choisi pour chaque semaine un dicton souvent lié à la fête d'un saint : on sait que ces dictons avaient souvent une fonction mnémotechnique pour se rappeler certains travaux.

Enfin, une partie « Ne pas oublier » rappelle ou suggère certains travaux qui n'ont pas de lien avec les phases lunaires : par exemple, protéger le robinet d'eau du jardin avant que de grosses gelées ne l'endommagent !

1 Date

2 Cycles lunaires

Lune décroissante

Lune croissante

Lune montante

Lune descendante

Pleine lune

Dernier quartier (lune décroissante)

Nouvelle lune

Premier quartier (lune croissante)

Événements lunaires

ND	Nœud descendant
NA	Nœud ascendant
A	Apogée
P	Périgée

3 Horaires de lever et de coucher de la Lune

4 Symboles végétaux

Jour-fruit

Jour-racine

Jour-fleur

Jour-feuille

5 Constellations du zodiaque dans lesquelles passe la Lune

Travaux de jardinage à effectuer selon la position de la Lune

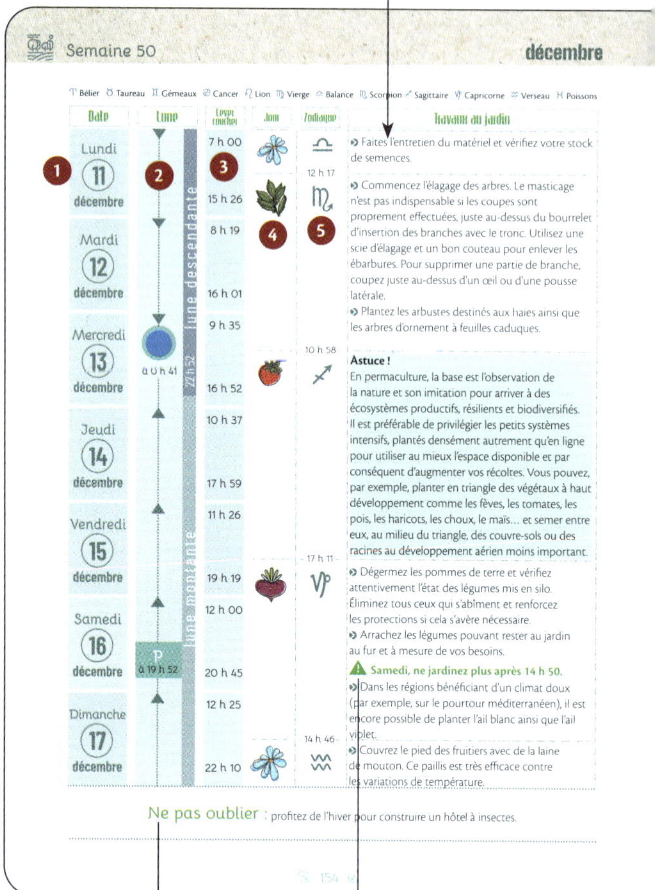
Semaine 50 — décembre

♈ Bélier ♉ Taureau ♊ Gémeaux ♋ Cancer ♌ Lion ♍ Vierge ♎ Balance ♏ Scorpion ♐ Sagittaire ♑ Capricorne ♒ Verseau ♓ Poissons

Date	Lune	Lever coucher	Jour	Zodiaque	Travaux au jardin
Lundi 11 décembre		7 h 00 / 15 h 26		♎ 12 h 17 ♏	Faites l'entretien du matériel et vérifiez votre stock de semences. Commencez l'élagage des arbres. Le masticage n'est pas indispensable si les coupes sont proprement effectuées, juste au-dessus du bourrelet d'insertion des branches avec le tronc. Utilisez une scie d'élagage et un bon couteau pour enlever les ébarbures. Pour supprimer une partie de branche, coupez juste au-dessus d'un œil ou d'une pousse latérale. Plantez les arbustes destinés aux haies ainsi que les arbres d'ornement à feuilles caduques.
Mardi 12 décembre	lune descendante	8 h 19 / 16 h 01			
Mercredi 13 décembre	à 0 h 41 — 22 h 52	9 h 35 / 16 h 52		10 h 58 ♐	**Astuce !** En permaculture, la base est l'observation de la nature et son imitation pour arriver à des écosystèmes productifs, résilients et biodiversifiés. Il est préférable de privilégier les petits systèmes intensifs, plantés densément autrement qu'en ligne pour utiliser au mieux l'espace disponible et par conséquent d'augmenter vos récoltes. Vous pouvez, par exemple, planter en triangle des végétaux à haut développement comme les fèves, les tomates, les pois, les haricots, les choux, le maïs… et semer entre eux, au milieu du triangle, des couvre-sols ou des racines au développement aérien moins important.
Jeudi 14 décembre		10 h 37 / 17 h 59			
Vendredi 15 décembre	lune montante	11 h 26 / 19 h 19		17 h 11 ♑	Dégermez les pommes de terre et vérifiez attentivement l'état des légumes mis en silo. Éliminez tous ceux qui s'abîment et renforcez les protections si cela s'avère nécessaire. Arrachez les légumes pouvant rester au jardin au fur et à mesure de vos besoins.
Samedi 16 décembre	P à 19 h 52	12 h 00 / 20 h 45			**Samedi, ne jardinez plus après 14 h 50.** Dans les régions bénéficiant d'un climat doux (par exemple, sur le pourtour méditerranéen), il est encore possible de planter l'ail blanc ainsi que l'ail violet.
Dimanche 17 décembre		12 h 25 / 22 h 10		14 h 46 ♒	Couvrez le pied des fruitiers avec de la laine de mouton. Ce paillis est très efficace contre les variations de température.

Ne pas oublier : profitez de l'hiver pour construire un hôtel à insectes.

154

Travaux du jardin à ne pas négliger

Période néfaste pour le jardinage

♈ Bélier ♉ Taureau ♊ Gémeaux ♋ Cancer ♌ Lion ♍ Vierge ♎ Balance ♏ Scorpion ♐ Sagittaire ♑ Capricorne ♒ Verseau ♓ Poissons

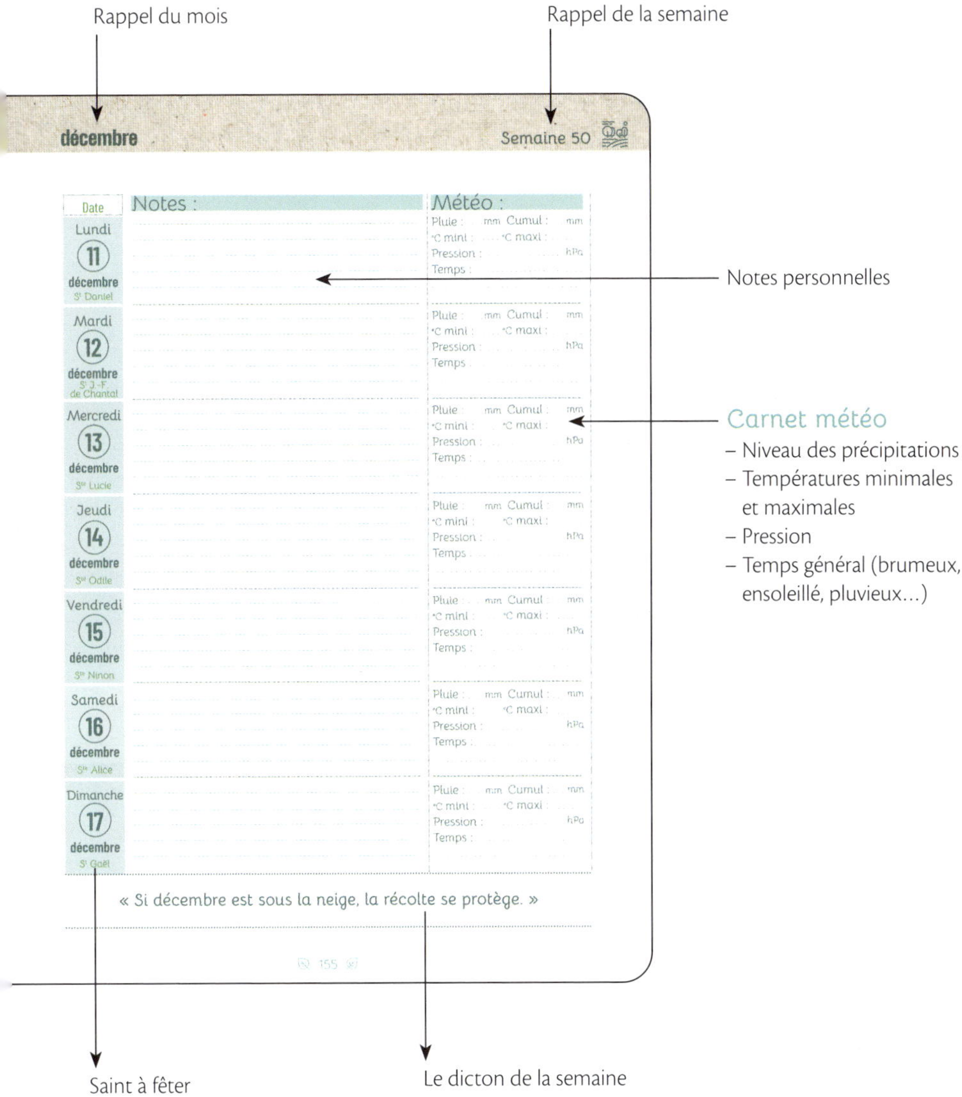
Rappel du mois
Rappel de la semaine
décembre
Semaine 50
Date
Notes :
Météo :
Pluie : mm Cumul : mm
°C mini : °C maxi :
Pression : hPa
Temps :
Lundi 11 décembre St Daniel
Mardi 12 décembre St J.-F. de Chantal
Mercredi 13 décembre Ste Lucie
Jeudi 14 décembre Ste Odile
Vendredi 15 décembre Ste Ninon
Samedi 16 décembre Ste Alice
Dimanche 17 décembre St Gaël
« Si décembre est sous la neige, la récolte se protège. »
155
Notes personnelles
Carnet météo
– Niveau des précipitations
– Températures minimales et maximales
– Pression
– Temps général (brumeux, ensoleillé, pluvieux…)
Saint à fêter
Le dicton de la semaine

♈ Bélier ♉ Taureau ♊ Gémeaux ♋ Cancer ♌ Lion ♍ Vierge ♎ Balance ♏ Scorpion ♐ Sagittaire ♑ Capricorne ♒ Verseau ♓ Poissons

Date	Lune	Lever / coucher	Jour	Zodiaque
Lundi 1er janvier	A à 16 h 28 – lune descendante	22 h 47 / 11 h 50		♌
Mardi 2 janvier	lune descendante	23 h 54 / 12 h 03	11 h 54 	11 h 54 ♍
Mercredi 3 janvier	lune descendante	– / 12 h 16		
Jeudi 4 janvier	◐ à 4 h 31 – ND à 19 h 52	1 h 01 / 12 h 28		
Vendredi 5 janvier		2 h 09 / 12 h 42		
Samedi 6 janvier		3 h 21 / 12 h 59	6 h 25 	6 h 25 ♎
Dimanche 7 janvier		4 h 37 / 13 h 21		22 h 19

Travaux au jardin

⚠ Lundi, ne jardinez pas entre 11 h 15 et 21 h 30.

» Débutez la taille des fruitiers de plein vent. Coupez les gourmands : éliminez les pousses inutiles pour que la sève approvisionne les boutons floraux. Localisez le point de greffe et éliminez tout ce qui pousse dessous. Supprimez aussi les drageons.

» Si le sol est gelé, l'arrachage est impossible. Pour éviter ce problème, étalez une couche de paille ou de feuilles mortes de 10 cm d'épaisseur avant les fortes gelées. Le paillage empêche également les mauvaises herbes de se développer. La corvée du désherbage, qui n'est jamais la partie la plus plaisante du jardinage, est donc réduite à son minimum. Les végétaux employés en paillis contribuent aussi à fertiliser naturellement le sol. Enfin, la couverture végétale sert également de refuge à de nombreux insectes et micro-organismes qui sont autant de précieux auxiliaires du jardinier.

⚠ Jeudi, ne jardinez plus après 14 h 50.

Repères phénologiques
Dans les campagnes, les rondes de passereaux ne sont que diversité : mésanges de toutes espèces, grimpereaux, roitelets ou sittelles se rassemblent pour chercher de la nourriture. Repérez l'apparition des fleurs de noisetiers et la floraison des perce-neige. Dans le Sud, surveillez l'apparition des fleurs du mimosa et du romarin.

» Vous pouvez biner les pois semés dans le courant de l'automne dernier : trois semaines après la levée des graines, binez soigneusement et ramenez la terre des entre-rangs contre les plants. Le buttage favorise l'ancrage de ces cultures et accroît leur résistance. Montez un monticule de terre d'une dizaine de centimètres de part et d'autre de vos rangs. Pour ce faire, utilisez de préférence une houe, une serfouette ou un buttoir.

Ne pas oublier : vérifiez l'état des légumes-racines dans la cave ou le cellier.

Date	Notes :	Météo :
Lundi 1er janvier Jour de l'An		Pluie : ... mm Cumul : ... mm °C mini : ... °C maxi : ... Pression : ... hPa Temps : ...
Mardi 2 janvier St Basile		Pluie : ... mm Cumul : ... mm °C mini : ... °C maxi : ... Pression : ... hPa Temps : ...
Mercredi 3 janvier Ste Geneviève		Pluie : ... mm Cumul : ... mm °C mini : ... °C maxi : ... Pression : ... hPa Temps : ...
Jeudi 4 janvier St Odilon		Pluie : ... mm Cumul : ... mm °C mini : ... °C maxi : ... Pression : ... hPa Temps : ...
Vendredi 5 janvier St Édouard		Pluie : ... mm Cumul : ... mm °C mini : ... °C maxi : ... Pression : ... hPa Temps : ...
Samedi 6 janvier Ste Mélaine		Pluie : ... mm Cumul : ... mm °C mini : ... °C maxi : ... Pression : ... hPa Temps : ...
Dimanche 7 janvier Épiphanie		Pluie : ... mm Cumul : ... mm °C mini : ... °C maxi : ... Pression : ... hPa Temps : ...

« Si le soir du jour des Rois, beaucoup d'étoiles tu vois,
tu auras sécheresse en été, et beaucoup d'œufs au poulailler. »

♈ Bélier ♉ Taureau ♊ Gémeaux ♋ Cancer ♌ Lion ♍ Vierge ♎ Balance ♏ Scorpion ♐ Sagittaire ♑ Capricorne ♒ Verseau ♓ Poissons

Date	Lune	Lever coucher	Jour	Zodiaque	Travaux au jardin
Lundi 8 janvier	lune descendante	5 h 56 13 h 51		♏	Forcez les endives : arrachez les plants, laissez ressuyer pour stopper la végétation à l'abri du gel et du soleil. Coupez les feuilles à 3 cm du collet et les racines à 20 cm. Remplissez à moitié une caisse de 30 cm de haut avec un mélange de terreau, de terre ou de tourbe. Disposez les racines en les enfonçant et en les serrant. Complétez le remplissage jusqu'au bord des collets, arrosez, recouvrez d'un plastique noir et mettez en cave (15 à 18 °C).
Mardi 9 janvier	lune descendante	7 h 13 14 h 33		21 h 03 ♐	
Mercredi 10 janvier	lune descendante / 8 h 03 / lune montante	8 h 23 15 h 33		♐	**Astuce !** En permaculture, la base est l'observation de la nature et son imitation pour arriver à des écosystèmes productifs, résilients et biodiversifiés. Il est préférable de privilégier les petits systèmes intensifs, plantés densément autrement qu'en ligne pour utiliser au mieux l'espace disponible et par conséquent d'augmenter vos récoltes. Vous pouvez, par exemple, planter en triangle des végétaux à haut développement comme les fèves, les tomates, les pois, les haricots, les choux, le maïs… et semer entre eux, au milieu du triangle, des couvre-sols ou des racines au développement aérien moins important.
Jeudi 11 janvier	lune montante à 12 h 57	9 h 19 16 h 50		♐	
Vendredi 12 janvier	lune montante	10 h 00 18 h 17		2 h 22 ♑	Laissez en jauge les arbres et les greffons qui doivent être plantés, pour les conserver dans de bonnes conditions en attendant de les installer au jardin. Épandez sur le sol compost, fumier et amendement à la griffe et enfouissez-les sans retourner la terre par bêchage. Fauchez les engrais verts.
Samedi 13 janvier	lune montante P à 11 h 35	10 h 29 19 h 47		♑	**⚠ Samedi, ne jardinez pas entre 5 h 30 et 16 h 40.**
Dimanche 14 janvier	lune montante	10 h 51 21 h 15		22 h 36 ♒	Dans les régions bénéficiant d'un climat doux, commencez à récolter les choux-fleurs d'automne. Dans la famille des choux-fleurs, on distingue les variétés d'été (semis d'automne et de printemps), d'automne (variétés tardives et précoces), d'hiver et de printemps.

Ne pas oublier : s'il neige ou s'il gèle, ne secouez pas les branches des arbustes qui sont fort cassantes. Vous risquez de les abîmer et les dégâts n'apparaîtront qu'au printemps.

Date	Notes :	Météo :
Lundi 8 janvier St Lucien		Pluie : … mm Cumul : … mm °C mini : … °C maxi : … Pression : … hPa Temps : …
Mardi 9 janvier Ste Alix		Pluie : … mm Cumul : … mm °C mini : … °C maxi : … Pression : … hPa Temps : …
Mercredi 10 janvier St Guillaume		Pluie : … mm Cumul : … mm °C mini : … °C maxi : … Pression : … hPa Temps : …
Jeudi 11 janvier Ste Pauline		Pluie : … mm Cumul : … mm °C mini : … °C maxi : … Pression : … hPa Temps : …
Vendredi 12 janvier Ste Tatiana		Pluie : … mm Cumul : … mm °C mini : … °C maxi : … Pression : … hPa Temps : …
Samedi 13 janvier Ste Yvette		Pluie : … mm Cumul : … mm °C mini : … °C maxi : … Pression : … hPa Temps : …
Dimanche 14 janvier Ste Nina		Pluie : … mm Cumul : … mm °C mini : … °C maxi : … Pression : … hPa Temps : …

« Vent de janvier, pluie de juillet. »

♈ Bélier ♉ Taureau ♊ Gémeaux ♋ Cancer ♌ Lion ♍ Vierge ♎ Balance ♏ Scorpion ♐ Sagittaire ♑ Capricorne ♒ Verseau ♓ Poissons

Date	Lune	Lever coucher	Zodiaque
Lundi 15 janvier	lune montante	11 h 09 / 22 h 40	♒
Mardi 16 janvier	lune montante	11 h 25 / –	0 h 04 ♓
Mercredi 17 janvier	NA à 15 h 03	11 h 41 / 0 h 02	
Jeudi 18 janvier	à 4 h 52	11 h 58 / 1 h 22	8 h 03 ♈
Vendredi 19 janvier	lune montante	12 h 18 / 2 h 43	
Samedi 20 janvier	lune montante	12 h 42 / 4 h 02	7 h 13 ♉
Dimanche 21 janvier	lune montante	13 h 14 / 5 h 20	

Travaux au jardin

» Au sud de la Loire, semez l'alkékenge à repiquer au début du mois de mars. Cette belle plante ornementale est appréciée pour son calice en forme de lanterne chinoise et à l'aspect de papier. Cueillis mûrs, ses fruits sont comestibles et font de délicieuses compotes, confitures ou gelées.

Astuce ! Compostage de surface
En permaculture, on peut aussi couvrir le sol en compostant les déchets à même le sol : c'est le compostage de surface. En pratique, on recouvre le sol, au pied des végétaux, de déchets compostables mélangés à de la paille, et l'ensemble se décompose sur place. On bénéficie ainsi simultanément des avantages du compostage et de ceux du paillis !

» Sous châssis, et en rangs espacés de 20 cm, semez du cresson et du pourpier. Maintenez le sol frais et aéré.

⚠ **Mercredi, ne jardinez plus après 10 h 00.**

» Plantez les arbres fruitiers à racines nues : creusez les trous, mélangez du compost et de la corne broyée à la terre extraite du trou de plantation, installez le jeune arbre, placez à côté de son tronc un tuteur et rebouchez le trou de plantation en laissant le point de greffe hors de terre.

» S'il ne gèle pas, prélevez sur les arbres fruitiers, sur des rameaux sains et vigoureux de l'année dernière, des greffons d'environ 30 cm.

» Brossez le tronc des arbres avec un gant pour éliminer mousses et lichens.

La corne broyée : pourquoi ? comment ?
Particulièrement riche en azote (13 %), la corne broyée libère aussi un peu de phosphate, de potasse et, en moindre quantité, de magnésie. C'est un engrais « de fond » qui s'ajoute au moment des plantations d'arbres et d'arbustes, surtout sur les végétaux qui restent en place plusieurs années. Vous pourrez également en mettre au pied des cultures pérennes comme les arbustes en respectant un dosage de 0,5 à 1 kg/10 m² : ils retrouveront une nouvelle jeunesse.

Ne pas oublier : installez des nichoirs et des abris à insectes auxiliaires.

Date	Notes :	Météo :
Lundi 15 janvier St Rémi		Pluie : mm Cumul : mm °C mini : °C maxi : Pression : hPa Temps :
Mardi 16 janvier St Marcel		Pluie : mm Cumul : mm °C mini : °C maxi : Pression : hPa Temps :
Mercredi 17 janvier Ste Roseline		Pluie : mm Cumul : mm °C mini : °C maxi : Pression : hPa Temps :
Jeudi 18 janvier Ste Prisca		Pluie : mm Cumul : mm °C mini : °C maxi : Pression : hPa Temps :
Vendredi 19 janvier St Marius		Pluie : mm Cumul : mm °C mini : °C maxi : Pression : hPa Temps :
Samedi 20 janvier St Sébastien		Pluie : mm Cumul : mm °C mini : °C maxi : Pression : hPa Temps :
Dimanche 21 janvier Ste Agnès		Pluie : mm Cumul : mm °C mini : °C maxi : Pression : hPa Temps :

« À la Saint-Sébastien, l'hiver reprend ou se casse les dents. »

♈ Bélier ♉ Taureau ♊ Gémeaux ♋ Cancer ♌ Lion ♍ Vierge ♎ Balance ♏ Scorpion ♐ Sagittaire ♑ Capricorne ♒ Verseau ♓ Poissons

Date	Lune	Lever coucher	Jour	Zodiaque	Travaux au jardin
Lundi 22 janvier	l. mont.	13 h 57 6 h 31		♉	Laissez toujours en jauge les arbres et les greffons devant être plantés. La jauge est constituée d'une fosse creusée près d'un mur ou d'une haie abritant les plantes des vents violents ou desséchants. Afin d'éviter la prolifération des mousses et lichens, continuez à brosser soigneusement les troncs des arbres installés dans votre jardin.
Mardi 23 janvier	4 h 40 lune descendante	14 h 51 7 h 31		16 h 17 ♊	Binez et désherbez les bandes florales qui sont installées en bordure du potager. Plantez les arbustes à fleurs qui sont vendus à racines nues : les forsythias, les lilas, les buddleias... Pralinez leurs racines afin de favoriser une bonne reprise et placez le collet au niveau du sol. Rebouchez soigneusement le trou de plantation, tassez la terre à la main et arrosez (surtout s'il ne pleut pas).
Mercredi 24 janvier	lune descendante	15 h 55 8 h 18			
Jeudi 25 janvier	Pleine lune à 18 h 53	17 h 05 8 h 54		3 h 29 ♋	Par temps sec et doux, commencez les traitements contre la cloque du pêcher : purin d'ortie, décoction de prêle, bouillie bordelaise. Parfois considéré comme une « préparation miracle », riche en azote et pauvre en potasse, le purin d'ortie stimule la croissance des plantes et les renforce contre certaines maladies. Facile à préparer et à utiliser, c'est aussi un excellent répulsif contre les acariens et les pucerons.
Vendredi 26 janvier	lune descendante	18 h 16 9 h 20		18 h 09 ♌	**Bon à savoir !** Le purin d'ortie a deux usages essentiels. Riche en azote, c'est tout d'abord un engrais efficace, qui stimule la croissance des plantes et les renforce contre certaines maladies. Ensuite, il présente un caractère répulsif face aux pucerons et aux acariens. C'est encore un bon activateur de compost. Installez les petits fruits (groseilliers, framboisiers, cassissiers,...) en enterrant leur base pour un meilleur enracinement. Rebouchez, tassez et arrosez. Taillez les rameaux de vos fruitiers à noyaux (les pruniers, les pêchers) et à pépins (les pommiers, les poiriers).
Samedi 27 janvier	lune descendante	19 h 26 9 h 40			
Dimanche 28 janvier	lune descendante	20 h 35 9 h 56			

Ne pas oublier : l'élimination des mauvaises herbes est plus efficace si elle est réalisée dans les jours qui suivent directement la pleine lune.

Date	Notes :	Météo :
Lundi 22 janvier St Vincent		Pluie : mm Cumul : mm °C mini : °C maxi : Pression : hPa Temps :
Mardi 23 janvier St Barnard		Pluie : mm Cumul : mm °C mini : °C maxi : Pression : hPa Temps :
Mercredi 24 janvier St Fr. de Sales		Pluie : mm Cumul : mm °C mini : °C maxi : Pression : hPa Temps :
Jeudi 25 janvier Conv. St Paul		Pluie : mm Cumul : mm °C mini : °C maxi : Pression : hPa Temps :
Vendredi 26 janvier Ste Paule		Pluie : mm Cumul : mm °C mini : °C maxi : Pression : hPa Temps :
Samedi 27 janvier Ste Angèle		Pluie : mm Cumul : mm °C mini : °C maxi : Pression : hPa Temps :
Dimanche 28 janvier St Thomas d'Aquin		Pluie : mm Cumul : mm °C mini : °C maxi : Pression : hPa Temps :

« Autant de bonnes journées en janvier,
autant de mauvaises en mai. »

♈ Bélier ♉ Taureau ♊ Gémeaux ♋ Cancer ♌ Lion ♍ Vierge ♎ Balance ♏ Scorpion ♐ Sagittaire ♑ Capricorne ♒ Verseau ♓ Poissons

Date	Lune	Lever coucher	Jour	Zodiaque
Lundi 29 janvier	A à 9 h 14 — lune descendante	21 h 42 / 10 h 09		♌ ; 19 h 23 ♍
Mardi 30 janvier	lune descendante	22 h 48 / 10 h 22		♍
Mercredi 31 janvier	ND à 21 h 17 — lune descendante	23 h 55 / 10 h 34		♍
Jeudi 1er février	lune descendante	– / 10 h 47		14 h 55 ♎
Vendredi 2 février	lune descendante	1 h 04 / 11 h 02		♎
Samedi 3 février	à 0 h 17 — lune descendante	2 h 17 / 11 h 21		♎
Dimanche 4 février	lune descendante	3 h 32 / 11 h 46		7 h 46 ♏

Travaux au jardin

⚠ Lundi, ne jardinez pas avant 14 h 15.

- Apportez du compost et un engrais à décomposition lente à la périphérie de la ramure de chaque fruitier.

Faire son purin d'orties

Cueillez des grandes orties, qui ne sont pas encore montées à graines. Hachez grossièrement et mettez dans un bac en plastique.
Ajoutez 10 l d'eau pour chaque kilo d'ortie fraîche. Couvrez le bac et mélangez tous les 2 jours. Tant que des petites bulles apparaissent lorsque vous brassez, c'est que la fermentation n'est pas achevée. Celle-ci dure de une à deux semaines selon la température ambiante.
Vous pouvez filtrer plus ou moins finement. Jetez la bouillie d'orties dans le compost, elle constitue un super activateur de décomposition.

⚠ Mercredi, ne jardinez plus après 16 h 15.

- Plantez les arbustes à fleurs qui sont vendus à racines nues : les forsythias, les lilas, les buddleias… Pralinez leurs racines afin de favoriser une bonne reprise et placez le collet au niveau du sol. Rebouchez soigneusement le trou de plantation, tassez la terre à la main et arrosez (surtout s'il ne pleut pas).
- Tassez fortement les rhododendrons et les azalées à leur pied si les plantes ont été soulevées par le gel.

- Taillez les noisetiers et conservez les plus belles rames comme tuteurs. Taillez aussi les petites branches à l'intérieur de l'arbre pour assurer une bonne aération.

Ne pas oublier : par temps de gel, les oiseaux meurent de soif plus que de faim ! Renouvelez les soucoupes d'eau tiède.

Date	Notes :	Météo :
Lundi 29 janvier St Gildas		Pluie : … mm Cumul : … mm °C mini : … °C maxi : … Pression : … hPa Temps : …
Mardi 30 janvier Ste Martine		Pluie : … mm Cumul : … mm °C mini : … °C maxi : … Pression : … hPa Temps : …
Mercredi 31 janvier Ste Marcelle		Pluie : … mm Cumul : … mm °C mini : … °C maxi : … Pression : … hPa Temps : …
Jeudi 1er février Ste Ella		Pluie : … mm Cumul : … mm °C mini : … °C maxi : … Pression : … hPa Temps : …
Vendredi 2 février Chandeleur		Pluie : … mm Cumul : … mm °C mini : … °C maxi : … Pression : … hPa Temps : …
Samedi 3 février St Blaise		Pluie : … mm Cumul : … mm °C mini : … °C maxi : … Pression : … hPa Temps : …
Dimanche 4 février Ste Véronique		Pluie : … mm Cumul : … mm °C mini : … °C maxi : … Pression : … hPa Temps : …

« Orage de janvier présage un mauvais été. »

♈ Bélier ♉ Taureau ♊ Gémeaux ♋ Cancer ♌ Lion ♍ Vierge ♎ Balance ♏ Scorpion ♐ Sagittaire ♑ Capricorne ♒ Verseau ♓ Poissons

Date	Lune	Lever coucher	Jour	Zodiaque
Lundi 5 février	l. descendante	4 h 49 / 12 h 21		♏
Mardi 6 février	l. descendante jusqu'à 18 h 02, puis lune montante	6 h 02 / 13 h 11		7 h 53 ♐
Mercredi 7 février	lune montante	7 h 04 / 14 h 18		
Jeudi 8 février	lune montante	7 h 52 / 15 h 41		13 h 19 ♑
Vendredi 9 février	lune montante ; à 23 h 59	8 h 26 / 17 h 12		
Samedi 10 février	lune montante ; P à 19 h 52	8 h 52 / 18 h 44		9 h 01 ♒
Dimanche 11 février	lune montante	9 h 12 / 20 h 13		

Travaux au jardin

- Forcez les endives : arrachez les plants, laissez ressuyer à l'abri du gel et du soleil. Coupez les feuilles à 3 cm du collet et les racines à 20 cm. Remplissez à moitié une caisse de 30 cm de haut avec un mélange de terreau, de terre ou de tourbe. Disposez les racines en les enfonçant et en les serrant.

- En lune descendante, prélevez les greffons des arbres fruitiers et mettez-les en jauge. En mars et avril prochains, vous les grefferez en fente, toujours en lune descendante.
- Semez les fèves de 'Séville à longue cosse' ou les fèves 'd'Aguadulce à très longue cosse', à une distance de 10 cm, en rangs espacés de 30 à 40 cm et à 5 cm de profondeur. Rebouchez et tassez. Binez quelques jours après la levée. Hâtive et très productive, la fève de 'Séville à longue cosse' est l'une des variétés les plus courantes. Groupées par deux, ses gousses atteignent 15 à 18 cm de long et contiennent 6 graines.

Repères phénologiques
Dès le début du mois, les noisetiers sont en pleine floraison. Les tussilages (ou pas-d'âne) commencent, eux aussi, à fleurir. On peut entendre le pic épeiche, la mésange charbonnière et la mésange bleue, la chouette ou le rouge-gorge.

- Sous châssis, semez des radis et des carottes. En récoltant les radis, vous éclaircirez les carottes.
- Sous châssis à 15 °C, semez des navets 'Jaune Boule d'Or'. Aérez souvent et maintenez le sol frais. Vous récolterez en avril-mai.

⚠ Samedi, ne jardinez plus après 14 h 50.

- Dans les régions bénéficiant d'un climat doux, vous pouvez commencer à récolter les choux-fleurs d'automne. Dans la famille des choux-fleurs, on distingue les variétés d'été (semis d'automne et de printemps), d'automne (variétés tardives et précoces), d'hiver et de printemps. En cultivant différentes variétés, il vous est possible de récolter des choux-fleurs quasiment tout au long de l'année.

Ne pas oublier : installez des nichoirs en orientant le trou d'envol vers l'est.

Date	Notes :	Météo :
Lundi 5 février Ste Agathe		Pluie : ... mm Cumul : ... mm °C mini : ... °C maxi : ... Pression : ... hPa Temps : ...
Mardi 6 février St Gaston		Pluie : ... mm Cumul : ... mm °C mini : ... °C maxi : ... Pression : ... hPa Temps : ...
Mercredi 7 février Ste Eugénie		Pluie : ... mm Cumul : ... mm °C mini : ... °C maxi : ... Pression : ... hPa Temps : ...
Jeudi 8 février Ste Jacqueline		Pluie : ... mm Cumul : ... mm °C mini : ... °C maxi : ... Pression : ... hPa Temps : ...
Vendredi 9 février Ste Apolline		Pluie : ... mm Cumul : ... mm °C mini : ... °C maxi : ... Pression : ... hPa Temps : ...
Samedi 10 février St Arnaud		Pluie : ... mm Cumul : ... mm °C mini : ... °C maxi : ... Pression : ... hPa Temps : ...
Dimanche 11 février N.-D. de Lourdes		Pluie : ... mm Cumul : ... mm °C mini : ... °C maxi : ... Pression : ... hPa Temps : ...

« En février, si au soleil le chat tend sa peau,
en mars, il l'exposera au fourneau. »

♈ Bélier ♉ Taureau ♊ Gémeaux ♋ Cancer ♌ Lion ♍ Vierge ♎ Balance ♏ Scorpion ♐ Sagittaire ♑ Capricorne ♒ Verseau ♓ Poissons

Date	Lune	Lever / coucher	Jour	Zodiaque
Lundi 12 février	lune montante	9 h 29 / 21 h 40		8 h 18 ♓
Mardi 13 février	NA à 18 h 01	9 h 46 / 23 h 04		
Mercredi 14 février		10 h 03 / –		15 h 06 ♈
Jeudi 15 février		10 h 22 / 0 h 28		
Vendredi 16 février	à 16 h 00	10 h 45 / 1 h 50		
Samedi 17 février		11 h 15 / 3 h 10		13 h 08 ♉
Dimanche 18 février		11 h 54 / 4 h 24		

Travaux au jardin

- Élaguez les conifères. Cette taille se limite généralement à la suppression du bois mort, malade ou endommagé. Elle peut aussi être utilisée pour densifier le feuillage des végétaux tout en respectant leur port naturel. Les conifères ne produisant pas facilement de nouvelles pousses sur du vieux bois, évitez de tailler dans du bois de plus de deux ans. Seuls, l'if (*Taxus* spp.) et la pruche (*Tsuga* spp.) tolèrent les tailles plus sévères.

⚠ **Mardi, ne jardinez plus après 13 h 00.**

- Prélevez les greffons des fruitiers et mettez-les en jauge. Vous les grefferez en fente, en mars et avril, à la lune descendante.
- Semez les pois ronds 'Petit Provençal', 'Nain Très Hâtif', 'Serpette Améliorée', ainsi que les mange-tout 'Corne de Bélier', 'Bamby', 'Carouby de Maussane'. N'oubliez pas de biner en surface quelques jours après la germination.
- Semez les fèves 'de Séville à longue cosse' en lignes distantes de 30 à 40 cm. Binez quelques jours après la levée.

- La saison se prépare déjà dans la ruche et la reine recommence à pondre. Vous ferez votre première visite de l'année pour vérifier l'état de santé des abeilles (maladies, santé du couvain…) lors d'une belle journée ensoleillée (minimum 13 °C). Avec le redémarrage de la ponte, les abeilles consomment davantage : surveillez les réserves de nourriture. Préparez la belle saison en désinfectant corps et hausses, en assemblant les cadres de ruche et en préparant les ruchettes. Attention ! c'est aussi la période où le frelon asiatique va se reproduire, c'est le moment de placer des pièges pour capturer les reines fondatrices.

Ne pas oublier : quelle que soit votre région, les plantes les mieux adaptées à votre jardin sont toujours les plantes indigènes poussant spontanément dans votre zone.

Date	Notes :	Météo :
Lundi 12 février St Félix		Pluie : mm Cumul : mm °C mini : °C maxi : Pression : hPa Temps :
Mardi 13 février Mardi gras		Pluie : mm Cumul : mm °C mini : °C maxi : Pression : hPa Temps :
Mercredi 14 février Cendres		Pluie : mm Cumul : mm °C mini : °C maxi : Pression : hPa Temps :
Jeudi 15 février St Claude		Pluie : mm Cumul : mm °C mini : °C maxi : Pression : hPa Temps :
Vendredi 16 février Ste Julienne		Pluie : mm Cumul : mm °C mini : °C maxi : Pression : hPa Temps :
Samedi 17 février St Alexis		Pluie : mm Cumul : mm °C mini : °C maxi : Pression : hPa Temps :
Dimanche 18 février Ste Bernadette		Pluie : mm Cumul : mm °C mini : °C maxi : Pression : hPa Temps :

« À la Saint-Valentin, tous les vents sont marins. »

♈ Bélier ♉ Taureau ♊ Gémeaux ♋ Cancer ♌ Lion ♍ Vierge ♎ Balance ♏ Scorpion ♐ Sagittaire ♑ Capricorne ♒ Verseau ♓ Poissons

Date	Lune	Lever coucher	Jour	Zodiaque	Travaux au jardin
Lundi 19 février	l.m. 9 h 40 lune descendante	12 h 44 5 h 28		♉ 21 h 57	À l'abri, rangez vos pommes de terre à planter, droites dans une cagette, les unes contre les autres, les yeux sur le dessus.
Mardi 20 février		13 h 45 6 h 19		♊	Toujours au chaud, repiquez les choux-fleurs semés précédemment. Pour leur repiquage, comptez six semaines après le semis, lorsque les plants arborent quatre ou cinq feuilles. Humidifiez les plants juste avant de les repiquer. Il est aussi très important de les repiquer jusqu'à la première feuille afin de favoriser un bon enracinement.
Mercredi 21 février		14 h 54 6 h 57		9 h 28 ♋	Repiquez sous châssis les laitues qui ont été précédemment semées au chaud. Ce repiquage s'effectue environ un mois après le semis, lorsque les laitues arborent quatre ou cinq feuilles. Le but premier du repiquage est de donner plus d'espace aux plantules, de manière à ce qu'elles ne se touchent plus. Procéder ainsi a pour conséquence de renforcer les jeunes pousses. D'autre part, le repiquage favorise également le développement de radicelles.
Jeudi 22 février		16 h 04 7 h 25			
Vendredi 23 février		17 h 15 7 h 46		0 h 28 ♌	Avec une brosse en chiendent, enlevez les mousses et les lichens des troncs des arbres fruitiers. Taillez les buissons des petits fruits ainsi que la vigne. Lors d'une journée sans pluie, lorsque les bourgeons commencent à gonfler, vaporisez de la bouillie bordelaise sur les troncs, les charpentes, les jeunes branches et les pousses. S'il ne gèle pas, taillez les fruitiers palissés, les cordons et les petites formes libres à trois yeux pour favoriser la fructification. Vous pouvez intervenir sur les poiriers, les pommiers, les abricotiers et les pêchers. Faites des boutures avec les coupes des groseilliers et des cassissiers.
Samedi 24 février	○ à 13 h 30	18 h 24 8 h 03			
Dimanche 25 février	A à 15 h 58	19 h 31 8 h 17			⚠ **Dimanche, ne jardinez pas entre 10 h 55 et 20 h 55.**

Ne pas oublier : pour conserver de bons outils, évitez la rouille sur les parties métalliques, aiguisez bien les lames et gardez les manches en bois lisses et sains.

Date	Notes :	Météo :
Lundi **19** février St Gabin		Pluie : ... mm Cumul : ... mm °C mini : .... °C maxi : .... Pression : .... hPa Temps : ....
Mardi **20** février Ste Aimée		Pluie : ... mm Cumul : ... mm °C mini : .... °C maxi : .... Pression : .... hPa Temps : ....
Mercredi **21** février St Pierre Damien		Pluie : ... mm Cumul : ... mm °C mini : .... °C maxi : .... Pression : .... hPa Temps : ....
Jeudi **22** février Ste Isabelle		Pluie : ... mm Cumul : ... mm °C mini : .... °C maxi : .... Pression : .... hPa Temps : ....
Vendredi **23** février St Lazare		Pluie : ... mm Cumul : ... mm °C mini : .... °C maxi : .... Pression : .... hPa Temps : ....
Samedi **24** février St Modeste		Pluie : ... mm Cumul : ... mm °C mini : .... °C maxi : .... Pression : .... hPa Temps : ....
Dimanche **25** février St Roméo		Pluie : ... mm Cumul : ... mm °C mini : .... °C maxi : .... Pression : .... hPa Temps : ....

« Février est de tous les mois le plus court et le plus matois. »

♈ Bélier ♉ Taureau ♊ Gémeaux ♋ Cancer ♌ Lion ♍ Vierge ♎ Balance ♏ Scorpion ♐ Sagittaire ♑ Capricorne ♒ Verseau ♓ Poissons

Date	Lune	Lever coucher	Zodiaque
Lundi 26 février	lune descendante	20 h 38 / 8 h 29	1 h 55 ♍
Mardi 27 février	ND à 23 h 53	21 h 45 / 8 h 41	
Mercredi 28 février	lune descendante	22 h 53 / 8 h 54	
Jeudi 29 février	lune descendante	– / 9 h 08	21 h 47 ♎
Vendredi 1er mars	lune descendante	0 h 04 / 9 h 25	
Samedi 2 mars	lune descendante	1 h 17 / 9 h 46	15 h 21 ♏
Dimanche 3 mars	à 16 h 23	2 h 32 / 10 h 16	

Travaux au jardin

Humus, késako ?
L'humus est la couche supérieure du sol créée et entretenue par la décomposition de la matière organique, principalement par l'action combinée des animaux, des bactéries et des champignons. C'est une matière souple et aérée, qui absorbe et retient bien l'eau, d'aspect foncé et à l'odeur caractéristique. L'humus se distingue du compost par son origine naturelle, mais partage avec lui beaucoup de propriétés, notamment sa capacité à retenir l'eau et les nutriments des plantes. Au lieu d'être entraînés en profondeur dans le sol (vers la nappe phréatique) lors des longues périodes de pluie, les nutriments (azote, potassium, phosphore…) restent disponibles pour les plantes et sont restitués progressivement par la minéralisation lente et régulière de l'humus.

⚠ **Mardi, ne jardinez plus après 18 h 50.**

Après les grands froids, retirez les protections des artichauts. Si une nouvelle vague de froid survenait, vous pourriez les repailler. Vous pouvez aussi commencer à les œilletonner. Pour procéder à l'œilletonnage, dégagez tout d'abord un peu de terre tout autour de la souche afin de repérer les plus beaux œilletons. À l'aide d'un outil tranchant, détachez le rejet du pied mère en effectuant une coupe franche et nette.

Plantez une haie d'arbustes feuillus. Creusez des trous tous les mètres, enrichissez la terre avec du compost, hydratez les mottes ou pralinez les racines. Mettez ensuite en place, rebouchez le trou de plantation et tassez. Arrosez généreusement s'il n'y a pas de risque de gelée.

Ne pas oublier : pensez à tailler vignes et treilles avant la remontée de la sève.

Date	Notes :	Météo :
Lundi 26 février Sᵗ Nestor		Pluie : mm Cumul : mm °C mini : °C maxi : Pression : hPa Temps :
Mardi 27 février Sᵗᵉ Honorine		Pluie : mm Cumul : mm °C mini : °C maxi : Pression : hPa Temps :
Mercredi 28 février Sᵗ Romain		Pluie : mm Cumul : mm °C mini : °C maxi : Pression : hPa Temps :
Jeudi 29 février Sᵗ Augustin		Pluie : mm Cumul : mm °C mini : °C maxi : Pression : hPa Temps :
Vendredi 1er mars Sᵗ Aubin		Pluie : mm Cumul : mm °C mini : °C maxi : Pression : hPa Temps :
Samedi 2 mars Sᵗ Charles le Bon		Pluie : mm Cumul : mm °C mini : °C maxi : Pression : hPa Temps :
Dimanche 3 mars Sᵗ Guénolé		Pluie : mm Cumul : mm °C mini : °C maxi : Pression : hPa Temps :

« Février trop doux, promet printemps en courroux. »

♈ Bélier ♉ Taureau ♊ Gémeaux ♋ Cancer ♌ Lion ♍ Vierge ♎ Balance ♏ Scorpion ♐ Sagittaire ♑ Capricorne ♒ Verseau ♓ Poissons

Date	Lune	Lever coucher	Jour	Zodiaque	Travaux au jardin
Lundi 4 mars	lune desc.	3 h 45		♏	Divisez les souches de rhubarbe.
		10 h 57		16 h 30 ♐	S'il ne gèle pas, taillez les fruitiers palissés à trois yeux afin de favoriser une bonne fructification. Intervenez sur les pommiers, les poiriers, les abricotiers et les pêchers. Pulvérisez de la bouillie bordelaise. Son utilisation varie en fonction des plantes : pour les fruitiers, rosiers et arbustes à feuillage caduc, effectuez une pulvérisation préventive à l'automne, après la chute des feuilles, ou à cette période, au printemps, avant l'apparition des bourgeons. Il est conseillé de pulvériser en soirée afin que le soleil ne brûle pas les feuilles, et par temps sec.
Mardi 5 mars	2 h 58 lune montante	4 h 50 11 h 55			
Mercredi 6 mars	lune montante	5 h 43 13 h 09			
				23 h 54 ♑	En pleine terre, semez des radis 'Flamboyant', 'National' ou 'Pernot'. N'oubliez pas de bien les protéger. N'installez jamais les radis à proximité des choux, car ces deux légumes ont besoin des mêmes nutriments. Mais si votre potager est relativement petit, plantez les radis dans les rangées de laitues ou de carottes. Les radis poussent plus vite que les carottes, assez lentes à germer, et protègent les laitues des insectes nuisibles. Semez des oignons de couleur 'Rouge de Florence', 'Jaune paille des vertus' et 'de Brunswick', en place.
Jeudi 7 mars	lune montante	6 h 22 14 h 35			
Vendredi 8 mars	lune montante	6 h 51 16 h 05			
				20 h 20 ♒	En terrine au chaud, tentez un semis de choux-fleurs pour un repiquage en mars. Choisissez des variétés d'automne, les plus résistantes au froid, pour une récolte d'été. Traditionnellement, le chou-fleur est blanc, mais on en voit aussi des jaunes, des verts ou des violets. Ces couleurs sont naturelles et dues, respectivement, au carotène, à la chlorophylle et aux anthocyanes. **Dimanche, ne jardinez plus après 13 h 00.**
Samedi 9 mars	lune montante	7 h 13 17 h 36			
Dimanche 10 mars	P à 8 h 04 à 10 h 00	7 h 32			
		19 h 06		19 h 19 ♓	Attention aux gelées tardives.

Ne pas oublier : les conifères ont horreur des engrais chimiques. Pour les nourrir sainement, apportez-leur un paillis de terreau ou de vieux fumier en hiver.

Date	Notes :	Météo :
Lundi 4 mars St Casimir		Pluie : ... mm Cumul : ... mm °C mini : ... °C maxi : ... Pression : ... hPa Temps : ...
Mardi 5 mars Ste Olive		Pluie : ... mm Cumul : ... mm °C mini : ... °C maxi : ... Pression : ... hPa Temps : ...
Mercredi 6 mars Ste Colette		Pluie : ... mm Cumul : ... mm °C mini : ... °C maxi : ... Pression : ... hPa Temps : ...
Jeudi 7 mars Ste Félicité		Pluie : ... mm Cumul : ... mm °C mini : ... °C maxi : ... Pression : ... hPa Temps : ...
Vendredi 8 mars St Jean de Dieu		Pluie : ... mm Cumul : ... mm °C mini : ... °C maxi : ... Pression : ... hPa Temps : ...
Samedi 9 mars Ste Françoise		Pluie : ... mm Cumul : ... mm °C mini : ... °C maxi : ... Pression : ... hPa Temps : ...
Dimanche 10 mars St Vivien		Pluie : ... mm Cumul : ... mm °C mini : ... °C maxi : ... Pression : ... hPa Temps : ...

« Quand il gèle en mars, il gèle autant de fois en mai. »

♈ Bélier ♉ Taureau ♊ Gémeaux ♋ Cancer ♌ Lion ♍ Vierge ♎ Balance ♏ Scorpion ♐ Sagittaire ♑ Capricorne ♒ Verseau ♓ Poissons

Date	Lune	Lever coucher	Jour	Zodiaque
Lundi 11 mars	lune montante	7 h 49 20 h 34		♓
Mardi 12 mars	NA à 2 h 17	8 h 05 22 h 01		
Mercredi 13 mars		8 h 24 23 h 27		0 h 39 ♈
Jeudi 14 mars		8 h 46 –		
Vendredi 15 mars		9 h 13 0 h 52		21 h 03 ♉
Samedi 16 mars		9 h 50 2 h 12		
Dimanche 17 mars	à 5 h 10 15 h 38 l. d.	10 h 37 3 h 21		

Travaux au jardin

Repères phénologiques

On voit fleurir l'abricotier, l'amandier, le cerisier merisier, le groseillier, le romarin, l'hellébore noir, le trèfle incarnat, la giroflée ravenelle… Les rouges-gorges, mésanges, chardonnerets et verdiers se font entendre à toute heure. Dans les bois, longues séances de tambourinage des pics épeiches.

⚠ Mardi, ne jardinez pas avant 7 h 30.

- Attention aux gelées tardives. Le soir, protégez vos semis et vos fleurs les plus fragiles à l'aide de papier journal.

- Greffez les arbres fruitiers (poiriers, pommiers, pruniers et abricotiers) en fente et en incrustation avec les greffons prélevés entre décembre et février. Veillez à bien positionner les greffons, ligaturez et mastiquez.
- S'il ne gèle pas, taillez les fruitiers palissés à trois yeux afin de favoriser une bonne fructification. Intervenez sur les pommiers, les poiriers, les abricotiers et les pêchers.

Une alternative à la bouillie bordelaise, la décoction de prêle !

La décoction de prêle permet de lutter contre les maladies cryptogamiques des arbres fruitiers et des légumes : cloque du pêcher, mildiou, monilia, oïdium, rouille… Riche en silice, cette décoction naturelle s'utilise de mars à octobre en pulvérisations régulières sur le feuillage et permet de prévenir l'installation des champignons responsables des maladies.

Comment la préparer ?

Récoltez et hachez 1 kg de tiges de prêle. Mettez-les à tremper 24 heures dans 10 litres d'eau de pluie, à température ambiante. Au bout de ce temps, portez à ébullition dans une marmite et laissez bouillir 30 minutes. Après refroidissement, filtrez. Appliquée en pulvérisation, cette décoction de prêle doit être diluée à 20 % (200 ml de prêle pour 800 ml d'eau de pluie).

Ne pas oublier : ne laissez pas les mauvaises herbes s'installer au pied des arbustes plantés cet hiver..

Date	Notes :	Météo :
Lundi 11 mars Ste Rosine		Pluie : . . . mm Cumul : . . . mm °C mini : . . . . °C maxi : . . . . . . Pression : . . . . hPa Temps : . . . .
Mardi 12 mars Ste Justine		Pluie : . . . mm Cumul : . . . mm °C mini : . . . . °C maxi : . . . . . . Pression : . . . . hPa Temps : . . . .
Mercredi 13 mars St Rodrigue		Pluie : . . . mm Cumul : . . . mm °C mini : . . . . °C maxi : . . . . . . Pression : . . . . hPa Temps : . . . .
Jeudi 14 mars Ste Mathilde		Pluie : . . . mm Cumul : . . . mm °C mini : . . . . °C maxi : . . . . . . Pression : . . . . hPa Temps : . . . .
Vendredi 15 mars Ste Louise		Pluie : . . . mm Cumul : . . . mm °C mini : . . . . °C maxi : . . . . . . Pression : . . . . hPa Temps : . . . .
Samedi 16 mars Ste Bénédicte		Pluie : . . . mm Cumul : . . . mm °C mini : . . . . °C maxi : . . . . . . Pression : . . . . hPa Temps : . . . .
Dimanche 17 mars St Patrice		Pluie : . . . mm Cumul : . . . mm °C mini : . . . . °C maxi : . . . . . . Pression : . . . . hPa Temps : . . . .

« Quand en mars il tonne, l'année sera bonne. »

♈ Bélier ♉ Taureau ♊ Gémeaux ♋ Cancer ♌ Lion ♍ Vierge ♎ Balance ♏ Scorpion ♐ Sagittaire ♑ Capricorne ♒ Verseau ♓ Poissons

Date	Lune	Lever / coucher	Jour	Zodiaque
Lundi 18 mars	lune descendante	11 h 36 / 4 h 17		3 h 58 ♊
Mardi 19 mars	lune descendante	12 h 43 / 4 h 59		15 h 17 ♋
Mercredi 20 mars Équinoxe	lune descendante	13 h 54 / 5 h 30		
Jeudi 21 mars	lune descendante	15 h 05 / 5 h 53		6 h 22 ♌
Vendredi 22 mars	lune descendante	16 h 14 / 6 h 11		
Samedi 23 mars	lune descendante; A à 16 h 44	17 h 22 / 6 h 25		
Dimanche 24 mars	lune descendante	19 h 29 / 7 h 38		9 h 05 ♍

Travaux au jardin

- Éclaircissez les impatiens qui ont été semées en février. L'impatiens est une plante qui fait merveille dans les jardins ombragés. Caractérisée par un port compact et une hauteur qui sait rester modeste, l'impatiens arbore des fleurs multicolores (rouge, rose, saumon, orange, lavande ou blanc) qui s'ouvrent tout au long de l'été.

Bon à savoir !
La bouse de corne est le résultat de la maturation de bouse de vache dans une corne de vache enterrée durant la période hivernale. La bouse fermente et se transforme en humus. Au printemps, on démoule la corne, on récupère l'or brun que l'on dilue dans de l'eau de pluie. On pulvérise alors le mélange au moins une fois par an sur le sol. Objectif ? Agir au niveau du sol, le rendre plus fertile, stimuler la germination des graines…

- Prélevez les drageons des rosiers et des lilas. Le drageon est une pousse qui se développe au départ d'un bourgeon placé sur une racine, à une distance plus ou moins éloignée du pied mère, qui devient autonome et se comporte comme le végétal d'origine.
- Taillez les pêchers au début de leur floraison. Aérez la ramure et rapprochez la fructification vers le bas des arbres. Supprimez les rameaux qui ont fructifié l'année précédente. S'il n'est pas taillé, le pêcher vieillit prématurément et ne donne plus de fruits.
- Terminez la taille des arbres fruitiers. S'il ne gèle pas, taillez les fruitiers palissés à trois yeux pour favoriser une bonne fructification. Intervenez sur les pommiers, pêchers, poiriers et abricotiers.

⚠ **Samedi, ne jardinez plus après 11 h 30.**

- Plantez l'ail rose, l'échalote et les bulbilles d'oignons si vous n'avez pas eu l'occasion de le faire précédemment.

Ne pas oublier : vous avez des caissettes de semis dehors ? Couvrez-les d'un filet à larges mailles afin d'empêcher les oiseaux de se régaler.

Date	Notes :	Météo :
Lundi 18 mars St Cyrille		Pluie : mm Cumul : mm °C mini : °C maxi : Pression : hPa Temps :
Mardi 19 mars St Joseph		Pluie : mm Cumul : mm °C mini : °C maxi : Pression : hPa Temps :
Mercredi 20 mars Printemps		Pluie : mm Cumul : mm °C mini : °C maxi : Pression : hPa Temps :
Jeudi 21 mars Ste Clémence		Pluie : mm Cumul : mm °C mini : °C maxi : Pression : hPa Temps :
Vendredi 22 mars Ste Léa		Pluie : mm Cumul : mm °C mini : °C maxi : Pression : hPa Temps :
Samedi 23 mars St Victorien		Pluie : mm Cumul : mm °C mini : °C maxi : Pression : hPa Temps :
Dimanche 24 mars Rameaux		Pluie : mm Cumul : mm °C mini : °C maxi : Pression : hPa Temps :

« Quand mars est ensoleillé, mai est pluvieux. »

♈ Bélier ♉ Taureau ♊ Gémeaux ♋ Cancer ♌ Lion ♍ Vierge ♎ Balance ♏ Scorpion ♐ Sagittaire ♑ Capricorne ♒ Verseau ♓ Poissons

Date	Lune	Lever coucher	Jour	Zodiaque
Lundi 25 mars	à 9 h 00	20 h 36 / 7 h 50		♍
Mardi 26 mars	ND à 6 h 07	21 h 44 / 8 h 02		
Mercredi 27 mars	lune descendante	22 h 54 / 8 h 15		
Jeudi 28 mars		– / 8 h 31		4 h 40 ♎
Vendredi 29 mars		0 h 07 / 8 h 51		22 h 19 ♏
Samedi 30 mars		1 h 21 / 9 h 17		
Dimanche 31 mars		2 h 34 / 9 h 53		

Travaux au jardin

- Du côté des abeilles, la ponte de la reine s'intensifie et, pour soutenir la croissance de la colonie, les abeilles consomment beaucoup de nourriture qu'elles puisent dans les réserves et dans la nature. C'est le moment de surveiller les réserves de nourriture et de placer un peu de sirop si nécessaire.

⚠ Mardi, ne jardinez pas avant 11 h 15.

- Des compléments alimentaires vont booster la colonie et la ponte de la reine. Les larves ont besoin de lipides et sels minéraux pour devenir de bonnes nourricières et cireuses.
- Il faut aussi contrôler l'état du couvain : 20 % d'alvéoles vides sur une plaque de couvain indiquent un problème sanitaire ou une reine trop âgée, de même, une odeur de pourriture signale la présence de la loque (européenne ou américaine).

- Avant qu'ils ne fassent leurs bourgeons à fleurs, il est temps de tailler vos arbustes à floraison estivale.
- Tuteurez les vivaces et divisez les plus grosses touffes. La plupart des vivaces ont une période de floraison d'une semaine à plusieurs mois, généralement au printemps et au cours de l'été.
- Plantez les arbustes de terre de bruyère (azalée de Chine, camélia, hortensia, magnolia…) qui reprennent bien en cette saison.

Qu'est-ce que la terre de bruyère ?
Lorsque l'ombrage provient de la végétation environnante (et particulièrement de conifères), la terre est très souvent acide et peu minéralisée. Elle s'utilise uniquement pour les plantes acidiphiles, en mélange à hauteur de 10 à 20 % avec de la terre franche, à laquelle on peut également ajouter du compost. Vous pouvez aussi mettre votre marc de café, légèrement acidifiant, au pied de vos plantes de terre de bruyère : elles apprécieront ! Dans le compost, l'ajout d'aiguilles de pin va contribuer à l'acidifier pour en faire un terreau de plantes de terre de bruyère.

Ne pas oublier : installez des abreuvoirs dans un endroit ensoleillé et à l'abri du vent. Un accès à l'eau rapide économise l'énergie des abeilles.

Date	Notes :	Météo :
Lundi 25 mars Annonciation		Pluie : mm Cumul : mm °C mini : °C maxi : Pression : hPa Temps :
Mardi 26 mars Ste Larissa		Pluie : mm Cumul : mm °C mini : °C maxi : Pression : hPa Temps :
Mercredi 27 mars St Habib		Pluie : mm Cumul : mm °C mini : °C maxi : Pression : hPa Temps :
Jeudi 28 mars St Gontran		Pluie : mm Cumul : mm °C mini : °C maxi : Pression : hPa Temps :
Vendredi 29 mars Vendredi saint		Pluie : mm Cumul : mm °C mini : °C maxi : Pression : hPa Temps :
Samedi 30 mars St Amédée		Pluie : mm Cumul : mm °C mini : °C maxi : Pression : hPa Temps :
Dimanche 31 mars Pâques		Pluie : mm Cumul : mm °C mini : °C maxi : Pression : hPa Temps :

« Mars pluvieux, disette d'œufs. »

♈ Bélier ♉ Taureau ♊ Gémeaux ♋ Cancer ♌ Lion ♍ Vierge ♎ Balance ♏ Scorpion ♐ Sagittaire ♑ Capricorne ♒ Verseau ♓ Poissons

Date	Lune	Lever coucher	Jour	Zodiaque
Lundi 1er avril	l. d. 10 h 51	3 h 41 / 10 h 44		0 h 12 ♐
Mardi 2 avril	à 5 h 14	4 h 37 / 11 h 50		
Mercredi 3 avril	lune montante	5 h 19 / 13 h 09		9 h 18 ♑
Jeudi 4 avril	lune montante	5 h 51 / 14 h 35		
Vendredi 5 avril	lune montante	6 h 15 / 16 h 03		7 h 17 ♒
Samedi 6 avril	lune montante	6 h 35 / 17 h 31		
Dimanche 7 avril	P à 19 h 51	6 h 52 / 18 h 58		7 h 12 ♓

Travaux au jardin

» Limitez la cloque du pêcher avec du purin d'ortie dilué à 5 % et des algues calcaires à 2 %, tous les dix jours, ou encore une décoction de prêle tous les trois jours. La cloque se caractérise par des feuilles cloquées et enroulées sur elles-mêmes, avec changement de couleur : elles passent au jaune, puis au rouge vif ou au pourpre. L'arbre perd son feuillage prématurément. Les jeunes rameaux se déforment et on constate un écoulement de gomme. La cloque n'affecte, en principe, pas la vie de l'arbre qu'elle atteint sauf si la maladie survient plusieurs années de suite.

Bon à savoir !
La bouse de corne est le résultat de la maturation de bouse de vache dans une corne de vache enterrée durant la période hivernale. La bouse fermente et se transforme en humus. Au printemps, on démoule la corne, on récupère l'or brun que l'on dilue dans de l'eau de pluie. On pulvérise alors le mélange au moins une fois par an sur le sol.

» En règle générale, la matinée doit être réservée aux semis tandis que la soirée doit plutôt être consacrée aux repiquages.

Pourquoi utiliser de la bouse de corne ?
La bouse de corne est pulvérisée au printemps sur terre réchauffée et/ou à l'automne sur terre encore chaude. Elle joue un rôle particulier, notamment sur la fertilité et la biodiversité des sols : elle est un puissant édificateur de la structure du sol, elle favorise l'activité microbienne et la formation d'humus, elle régule le pH du sol en accroissant celui des sols acides et en atténuant celui des sols alcalins, elle stimule la germination des graines, la croissance générale du système racinaire et particulièrement son développement vertical vers la profondeur.

» C'est le moment de semer votre pelouse.

⚠ **Dimanche, ne jardinez plus après 14 h 45.**

Ne pas oublier : pour favoriser l'enracinement des plants, pulvérisez de la bouse de corne après repiquage.

Date	Notes :	Météo :
Lundi 1er avril Lundi de Pâques		Pluie : mm Cumul : mm °C mini : °C maxi : Pression : hPa Temps :
Mardi 2 avril Ste Sandrine		Pluie : mm Cumul : mm °C mini : °C maxi : Pression : hPa Temps :
Mercredi 3 avril St Richard		Pluie : mm Cumul : mm °C mini : °C maxi : Pression : hPa Temps :
Jeudi 4 avril St Isidore		Pluie : mm Cumul : mm °C mini : °C maxi : Pression : hPa Temps :
Vendredi 5 avril Ste Irène		Pluie : mm Cumul : mm °C mini : °C maxi : Pression : hPa Temps :
Samedi 6 avril St Marcellin		Pluie : mm Cumul : mm °C mini : °C maxi : Pression : hPa Temps :
Dimanche 7 avril St Jean-Bapt. de la Salle		Pluie : mm Cumul : mm °C mini : °C maxi : Pression : hPa Temps :

« En avril, le sureau doit fleurir, sinon le paysan va souffrir. »

♈ Bélier ♉ Taureau ♊ Gémeaux ♋ Cancer ♌ Lion ♍ Vierge ♎ Balance ♏ Scorpion ♐ Sagittaire ♑ Capricorne ♒ Verseau ♓ Poissons

Date	Lune	Lever / coucher	Zodiaque
Lundi 8 avril (Lune rousse)	NA à 14 h 18 ; pleine lune à 20 h 20 ; lune montante	7 h 08 / 20 h 26	♓
Mardi 9 avril	lune montante	7 h 25 / 21 h 54	♈ (12 h 35)
Mercredi 10 avril	lune montante	7 h 45 / 23 h 22	♈
Jeudi 11 avril	lune montante	8 h 11 / –	♉ (7 h 59)
Vendredi 12 avril	lune montante	8 h 44 / 0 h 48	♉
Samedi 13 avril	lune montante ; 0 h 31	9 h 28 / 2 h 05	♉
Dimanche 14 avril	l. desc.	10 h 24 / 3 h 09	♊ (12 h 35)

Travaux au jardin

⚠ Lundi, ne jardinez pas entre 9 h 15 et 19 h 20.

Repères phénologiques

Le magnolia achève sa floraison. Cerisier et forsythia nous offrent la leur. Début avril, le coucou commence à chanter. Les mésanges, les moineaux, les pinsons des arbres, les tourterelles, ou encore les fauvettes apprécient particulièrement nos jardins au printemps !

- En fonction de la place disponible, plantez des groseilliers, des cassissiers, des framboisiers et des fraisiers remontants. En terre acide, vous pouvez aussi installer des myrtilliers. Enrichissez le sol en compost. Mettez soigneusement en place et arrosez.
- Derniers coups de sécateur pour les fruitiers à pépins : vignes, groseilliers...

- L'arrivée du printemps coïncide avec la reprise d'une forte activité des abeilles. Les ressources en nectar augmentent en même temps que la taille des colonies. Les faux-bourdons font leur apparition. C'est un mois crucial pour l'apiculteur qui doit surveiller la croissance de ses colonies, les variations de température et les risques d'essaimage.
- Il est temps de préparer les ruches pour la haute saison : il faut agrandir les entrées de la ruche pour favoriser la circulation des abeilles, accompagner et booster le développement de la colonie à l'aide de sirops et de compléments alimentaires, élargir l'espace en enlevant les partitions et en ajoutant des cadres de cire.
- Si les beaux jours persistent, n'hésitez pas à agrandir le nid à couvain avec un ou deux cadres de cire gaufrée. Les jeunes abeilles construiront ce cadre en peu de temps. Cette cire fraîche constituera un support idéal pour les jeunes larves.

- Plantez les glaïeuls à 10 cm de profondeur et à 20 cm de distance les uns des autres.

Ne pas oublier : pour éviter qu'ils soient envahis de pucerons, installez des colliers anti-fourmis à vos arbres fruitiers.

Date	Notes :	Météo :
Lundi 8 avril Ste Julie		Pluie : mm Cumul : mm °C mini : °C maxi : Pression : hPa Temps :
Mardi 9 avril St Gautier		Pluie : mm Cumul : mm °C mini : °C maxi : Pression : hPa Temps :
Mercredi 10 avril St Fulbert		Pluie : mm Cumul : mm °C mini : °C maxi : Pression : hPa Temps :
Jeudi 11 avril St Stanislas		Pluie : mm Cumul : mm °C mini : °C maxi : Pression : hPa Temps :
Vendredi 12 avril St Jules		Pluie : mm Cumul : mm °C mini : °C maxi : Pression : hPa Temps :
Samedi 13 avril Ste Ida		Pluie : mm Cumul : mm °C mini : °C maxi : Pression : hPa Temps :
Dimanche 14 avril St Maxime		Pluie : mm Cumul : mm °C mini : °C maxi : Pression : hPa Temps :

« La lune rousse détruit tout ce qu'elle trouve,
et conserve tout ce qu'elle fait. »

♈ Bélier ♉ Taureau ♊ Gémeaux ♋ Cancer ♌ Lion ♍ Vierge ♎ Balance ♏ Scorpion ♐ Sagittaire ♑ Capricorne ♒ Verseau ♓ Poissons

Date	Lune	Lever / coucher	Jour	Zodiaque	Travaux au jardin
Lundi 15 avril	◐ à 21 h 13 Lune descendante	11 h 30 3 h 57		♊ 23 h 12	**Bon à savoir !** La meilleure eau pour le jardin ou le potager est celle qui se trouve déjà dans le sol. Bien aérer la terre et maintenir un paillis favorisent les réserves d'eau dans le sol.
Mardi 16 avril	Lune descendante	12 h 41 4 h 32		♋	➤ Plantez les aromatiques vivaces et annuelles. ➤ Taillez les haies si vous n'avez pas encore eu l'occasion de le faire. ➤ Plantez des pieds de ciboulette, d'oseille ou d'estragon. Divisez les pieds âgés. ➤ Éclaircissez les semis des salades et ceux des épinards.
Mercredi 17 avril	Lune descendante	13 h 52 4 h 58		13 h 55 ♌	➤ Avril est aussi le début de l'essaimage. Chaque jour chaud, entre midi et 14 h, surveillez l'animation devant vos ruches : les essaims sortent toujours en milieu de journée. S'il y a plusieurs jours de pluie et de froid, il est fréquent de voir les essaims sortir le premier jour ensoleillé qui suit. Si vous ne pouvez pas vous en occuper journellement, placez dans votre rucher « une ruche piège ». Choisissez dans votre réserve une vieille ruche. Passez-la à la flamme pour qu'elle dégage une bonne odeur de cire et de propolis, frottez les parois de la ruche avec une poignée de feuilles de mélisse et ajoutez-y un peu de produit attire-essaim. Dans cette ruche, mettez quelques vieux cadres de cire noire sur les côtés et quelques cadres neufs au milieu. Orientez la ruche vers l'est. Attiré par ce logement disponible et accueillant, un essaim viendra peut-être de lui-même y élire domicile.
Jeudi 18 avril	Lune descendante	15 h 03 5 h 17			
Vendredi 19 avril	Lune descendante	16 h 11 5 h 33			
Samedi 20 avril	A à 4 h 10 Lune descendante	17 h 18 5 h 46		15 h 35 ♍	⚠ **Samedi, ne jardinez pas avant 9 h 15.** ➤ Plantez les pommes de terre précoces 'Amandine', 'Charlotte', 'Belle de Fontenay', 'Roseval' et 'Sirtema', car elles échappent mieux aux larves de limaces et de taupins. Vous les butterez dès que le feuillage atteint 25 cm de haut. En climat frais, il est préférable d'attendre que les risques de gelée soient écartés. Prévoyez un écartement suffisant pour pouvoir les buter facilement.
Dimanche 21 avril	Lune descendante	18 h 25 5 h 58			

Ne pas oublier : en fonction de la température extérieure, aérez la serre.

Date	Notes :	Météo :
Lundi 15 avril St Paterne		Pluie : mm Cumul : mm °C mini : °C maxi : Pression : hPa Temps :
Mardi 16 avril St Benoît-Joseph		Pluie : mm Cumul : mm °C mini : °C maxi : Pression : hPa Temps :
Mercredi 17 avril St Anicet		Pluie : mm Cumul : mm °C mini : °C maxi : Pression : hPa Temps :
Jeudi 18 avril St Parfait		Pluie : mm Cumul : mm °C mini : °C maxi : Pression : hPa Temps :
Vendredi 19 avril Ste Emma		Pluie : mm Cumul : mm °C mini : °C maxi : Pression : hPa Temps :
Samedi 20 avril Ste Odette		Pluie : mm Cumul : mm °C mini : °C maxi : Pression : hPa Temps :
Dimanche 21 avril St Anselme		Pluie : mm Cumul : mm °C mini : °C maxi : Pression : hPa Temps :

« À la Saint-Anselme, dernières fleurs sème. »

♈ Bélier ♉ Taureau ♊ Gémeaux ♋ Cancer ♌ Lion ♍ Vierge ♎ Balance ♏ Scorpion ♐ Sagittaire ♑ Capricorne ♒ Verseau ♓ Poissons

Date	Lune	Lever coucher	Zodiaque
Lundi 22 avril	▲ ND à 12 h 44	19 h 33 / 6 h 10	♍
Mardi 23 avril	▲	20 h 42 / 6 h 23	♍
Mercredi 24 avril	▲ ○ à 1 h 48	21 h 55 / 6 h 58	10 h 48 ♎
Jeudi 25 avril	▼ lune descendante	23 h 10 / 6 h 57	♎
Vendredi 26 avril	▼ lune descendante	– / 7 h 21	4 h 04 ♏
Samedi 27 avril	▼ lune descendante	0 h 24 / 7 h 54	♏
Dimanche 28 avril	▼ lune descendante 16 h 18 l. m.	1 h 34 / 8 h 40	5 h 44 ♐

Travaux au jardin

⚠ Lundi, ne jardinez pas entre 7 h 45 et 20 h 45.

- Plantez aussi les pommes de terre de conservation 'Désirée', 'Cheyenne', 'Rate', 'Ditta'.
- Installez, en rangs espacés d'environ 30 cm et à une distance de 10 cm, les poireaux qui ont été semés au début du mois de février.
- Repiquez les céleris-raves qui ont été semés à la mi-mars.
- Éclaircissez les carottes et les betteraves semées début avril.
- En sol léger, plantez des crosnes.
- Installez les topinambours.

- Binez, incorporez un engrais et paillez vos plants de fraisiers.
- Dans les régions bénéficiant d'un climat doux, plantez les annuelles (pélargoniums, bégonias et œillets) semées à la fin du mois de janvier.
- Mettez en pots et en jardinières les pétunias et les impatiens.
- Rempotez et marcottez vos plantes aromatiques.
- Plantez, en espaçant les pieds d'environ 70 cm en tous sens, les brocolis et les choux-fleurs qui ont été semés à la fin du mois de février.

- Semez les plantes nécessaires à la lutte phytosanitaire : capucine, tanaisie, souci.

La lutte biologique

La lutte biologique consiste à lutter contre les nuisibles en utilisant des organismes vivants : auxiliaires, bactéries, champignons… Cette méthode vise à limiter la prolifération de ravageurs de culture, sans avoir recours à des pesticides. La faune est essentielle pour la lutte biologique, mais la flore est également utile. Les plantes possèdent des propriétés qui aident à lutter contre les nuisibles : odeur répulsive, goût incommodant ou sécrétion de substances toxiques.

- Prélevez des greffons pleins de vigueur, mettez en jauge et procédez à la greffe dans deux mois, en lune descendante et en jour fruits.

Ne pas oublier : récoltez un stock d'orties, séchez-les en vue d'utilisations ultérieures.

Date	Notes :	Météo :
Lundi 22 avril St Alexandre		Pluie : mm Cumul : mm °C mini : °C maxi : Pression : hPa Temps :
Mardi 23 avril St Georges		Pluie : mm Cumul : mm °C mini : °C maxi : Pression : hPa Temps :
Mercredi 24 avril St Fidèle		Pluie : mm Cumul : mm °C mini : °C maxi : Pression : hPa Temps :
Jeudi 25 avril St Marc		Pluie : mm Cumul : mm °C mini : °C maxi : Pression : hPa Temps :
Vendredi 26 avril Ste Alida		Pluie : mm Cumul : mm °C mini : °C maxi : Pression : hPa Temps :
Samedi 27 avril Ste Zita		Pluie : mm Cumul : mm °C mini : °C maxi : Pression : hPa Temps :
Dimanche 28 avril Ste Valérie		Pluie : mm Cumul : mm °C mini : °C maxi : Pression : hPa Temps :

« Ne crois point que l'hiver soit passé sans retour,
quand la lune d'avril n'a pas fini son tour. »

♈ Bélier ♉ Taureau ♊ Gémeaux ♋ Cancer ♌ Lion ♍ Vierge ♎ Balance ♏ Scorpion ♐ Sagittaire ♑ Capricorne ♒ Verseau ♓ Poissons

Date	Lune	Lever / coucher	Zodiaque
Lundi 29 avril	lune montante	2 h 33 / 9 h 41	♐
Mardi 30 avril	lune montante	3 h 19 / 10 h 55	15 h 30 ♑
Mercredi 1er mai	lune montante ; ◐ à 13 h 27	3 h 53 / 12 h 17	
Jeudi 2 mai	lune montante	4 h 19 / 13 h 42	14 h 47 ♒
Vendredi 3 mai	lune montante	4 h 39 / 15 h 06	
Samedi 4 mai	lune montante	4 h 56 / 16 h 31	16 h 04 ♓
Dimanche 5 mai	lune montante ; NA à 23 h 53	5 h 12 / 17 h 55	

Travaux au jardin

- Semez en pleine terre les pois, les épinards d'été, les oignons de couleur, les lentilles, les salsifis, les carottes, les navets, les bettes, les laitues et les radis.
- Prélevez des greffons pleins de vigueur. Mettez en jauge et procédez à la greffe deux mois plus tard, en lune descendante et en jour fruits.

Technique culturale

En plus des supports verticaux inertes, vous pouvez introduire dans votre « écosystème cultivé » l'une des pièces maîtresses de la nature : les arbres ! Ils vous apporteront des récoltes supplémentaires (fruits, fleurs, bois, mulch de feuilles mortes…), et pourront être aussi le cœur d'un groupe de cultures multi-étagées. Ils apporteront bien plus encore à votre environnement : attirance de la faune sauvage, ombrage et, selon le type d'arbre, fixation d'azote dans le sol et donc fertilisation de votre terre.

- Installez les pélargoniums (géraniums) dans des pots d'au moins 15 cm de diamètre.
- Semez des fleurs annuelles directement en place et arrosez en pluie fine jusqu'à la levée. Vous disposez d'un vaste choix : pavots de Californie, coquelicots, clarkias, cosmos, capucines, immortelles, bleuets, lavatères…
- Dans les régions connaissant un climat frais, il est temps de semer des choux-fleurs à récolter cet été. En climat océanique, semez-les maintenant pour une production automnale. Une graine tous les 3 ou 4 cm dans des lignes espacées d'une soixantaine de centimètres.

Repères phénologiques

Le rossignol philomèle, le troglodyte mignon, le gobemouche gris, le loriot d'Europe… nous régalent de leurs trilles. L'agapanthe, l'ail des ours, la bourrache, le chêne, le fraisier, le framboisier… sont en pleine floraison.

⚠ **Dimanche, ne jardinez plus après 18 h 45.**

Ne pas oublier : replantez votre muguet au pied d'un arbre caduc, avec un feuillage pas trop dense.

Date	Notes :	Météo :
Lundi **29** avril Ste Catherine de Sienne		Pluie : mm Cumul : mm °C mini : °C maxi : Pression : hPa Temps :
Mardi **30** avril St Robert		Pluie : mm Cumul : mm °C mini : °C maxi : Pression : hPa Temps :
Mercredi **1er** mai Fête du Travail		Pluie : mm Cumul : mm °C mini : °C maxi : Pression : hPa Temps :
Jeudi **2** mai St Boris		Pluie : mm Cumul : mm °C mini : °C maxi : Pression : hPa Temps :
Vendredi **3** mai Sts Phil., Jacq.		Pluie : mm Cumul : mm °C mini : °C maxi : Pression : hPa Temps :
Samedi **4** mai St Sylvain		Pluie : mm Cumul : mm °C mini : °C maxi : Pression : hPa Temps :
Dimanche **5** mai Ste Judith		Pluie : mm Cumul : mm °C mini : °C maxi : Pression : hPa Temps :

« Au premier mai, fleurit le joli muguet. »

♈ Bélier ♉ Taureau ♊ Gémeaux ♋ Cancer ♌ Lion ♍ Vierge ♎ Balance ♏ Scorpion ♐ Sagittaire ♑ Capricorne ♒ Verseau ♓ Poissons

Date	Lune	Lever coucher	Jour	Zodiaque	Travaux au jardin
Lundi 6 mai	P à 0 h 04 ▼ (lune montante)	5 h 28 19 h 21		♓ 22 h 54	**Lundi, ne jardinez pas avant 5 h 15.** Installez les aromatiques en les associant aux légumes. Elles repousseront efficacement certains parasites.
Mardi 7 mai	▼ (lune montante)	5 h 47 20 h 49		♈	**Astuce ! Gardez vos bouchons en liège pour économiser de l'eau…** Explication… Le liège a une grande capacité de rétention d'eau, il gonfle comme une éponge. Découpez vos bouchons en liège usagés et mélangez-les à votre terre. Ils se gorgeront d'eau lorsqu'il pleuvra ou que vous arroserez votre jardin, et ils serviront de mini-réserve ! Le liège délivrera l'eau à la terre, et donc aux végétaux au fur et à mesure de la journée. Vous économiserez ainsi de l'eau et du temps !
Mercredi 8 mai Fin lune rousse	● à 5 h 21 (lune montante)	6 h 09 22 h 16		♈ 18 h 23	
Jeudi 9 mai	▲ (lune montante)	9 h 38 23 h 39		♉	Le mois de mai est une période généreuse pour les abeilles : les fleurs et les sources de nourritures abondent. Le développement de l'essaim, guidé par le rythme des saisons, atteint ici son paroxysme. Il faut maintenant poser les hausses (première ou deuxième hausse selon la vigueur de la colonie), car les colonies qui se sentent à l'étroit dans leur ruche risquent d'essaimer. C'est le moment des premières récoltes de miel et la miellerie doit être équipée du matériel nécessaire pour prélever le miel. C'est encore le moment de diversifier la production de miel en transhumant une partie ou la totalité des ruches dans le lieu voulu (en forêt, près d'un champ d'acacia, de lavande…).
Vendredi 10 mai	▲ (lune montante)	7 h 17 –			
Samedi 11 mai Saint de glace	▲ (lune montante jusqu'à 9 h 40, puis lune descendante)	8 h 09 0 h 52		21 h 41	
Dimanche 12 mai Saint de glace	▲ (lune descendante)	9 h 13 1 h 48		♊	Semez annuelles et vivaces aromatiques ou comestibles en pleine terre. Considérez-les comme des engrais verts en les intercalant avec les autres cultures. Taillez les arbustes, à floraison précoce (groseillier sanguin, forsythia…), défleuris en veillant à aérer le centre des touffes. Supprimez le vieux bois.

Ne pas oublier : installez des pièges à phéromones dans les cerisiers qui risquent d'être attaqués par la mouche.

Date	Notes :	Météo :
Lundi 6 mai Ste Prudence		Pluie : mm Cumul : mm °C mini : °C maxi : Pression : hPa Temps :
Mardi 7 mai Ste Gisèle		Pluie : mm Cumul : mm °C mini : °C maxi : Pression : hPa Temps :
Mercredi 8 mai Victoire 1945		Pluie : mm Cumul : mm °C mini : °C maxi : Pression : hPa Temps :
Jeudi 9 mai St Pacôme		Pluie : mm Cumul : mm °C mini : °C maxi : Pression : hPa Temps :
Vendredi 10 mai Ste Solange		Pluie : mm Cumul : mm °C mini : °C maxi : Pression : hPa Temps :
Samedi 11 mai Ste Estelle		Pluie : mm Cumul : mm °C mini : °C maxi : Pression : hPa Temps :
Dimanche 12 mai St Achille		Pluie : mm Cumul : mm °C mini : °C maxi : Pression : hPa Temps :

« Saint-Servais, Saint-Pancrace et Saint-Mamert
font à trois un petit hiver. »

♈ Bélier ♉ Taureau ♊ Gémeaux ♋ Cancer ♌ Lion ♍ Vierge ♎ Balance ♏ Scorpion ♐ Sagittaire ♑ Capricorne ♒ Verseau ♓ Poissons

Date	Lune	Lever / coucher	Jour	Zodiaque
Lundi 13 mai Saint de glace	lune descendante	10 h 24 / 2 h 30		7 h 33 ♋
Mardi 14 mai	lune descendante	11 h 37 / 3 h 00		21 h 37 ♌
Mercredi 15 mai	à 13 h 47	12 h 49 / 3 h 22		
Jeudi 16 mai	lune descendante	13 h 58 / 3 h 39		
Vendredi 17 mai	A à 20 h 58	15 h 06 / 3 h 53		22 h 54 ♍
Samedi 18 mai	lune descendante	16 h 12 / 4 h 06		
Dimanche 19 mai	ND à 18 h 35	17 h 19 / 4 h 18		

Travaux au jardin

- Semez, en les mélangeant, radis, salades et carottes. Vous récolterez les premiers radis, qui feront de la place aux salades, qui précéderont les carottes. Vous occuperez ainsi le terrain au mieux.
- Semez les plantes nécessaires à la lutte phytosanitaire : capucines, tanaisies et soucis.

- Installez des œillets d'Inde à côté des tomates pour éloigner les nématodes, petits vers qui vivent dans les tissus végétaux et le sol. Ils entraînent des modifications dans le développement des végétaux et peuvent être les vecteurs de diverses maladies.
- Éclaircissez les fruits des pommiers et des poiriers en coupant les fruits juste après le pédoncule, plutôt qu'en les arrachant.
- Mettez en place les melons semés à la mi-avril. Arrosez et couvrez à l'aide de cloches ou d'un tunnel.
- Plantez les aubergines, les tomates, les piments et les poivrons semés au début du mois de mars.
- Plantez les courges, les courgettes et les pâtissons semés à la fin du mois d'avril.

⚠ **Vendredi, ne jardinez plus après 15 h 45.**

Bon à savoir ! La silice de corne
C'est une préparation qui renforce les plantes, pour qu'elles soient plus résistantes aux maladies. Elle est fabriquée à partir de quartz broyé et de cornes de vaches. On l'utilise plus particulièrement pour stimuler la partie aérienne des plantes et favoriser les processus en lien avec la lumière et la chaleur : floraison, fructification, maturation, structuration, concentration… La pulvérisation de silice de corne agit comme un surplus de lumière solaire pour les plantes.

⚠ **Dimanche, ne jardinez plus après 13 h 30.**

Ne pas oublier : en matinée, pulvérisez de la silice de corne sur les légumes pour renforcer leur résistance et améliorer leur qualité gustative.

Date	Notes :	Météo :
Lundi 13 mai Ste Rolande		Pluie : mm Cumul : mm °C mini : °C maxi : Pression : hPa Temps :
Mardi 14 mai St Matthieu		Pluie : mm Cumul : mm °C mini : °C maxi : Pression : hPa Temps :
Mercredi 15 mai Ste Denise		Pluie : mm Cumul : mm °C mini : °C maxi : Pression : hPa Temps :
Jeudi 16 mai St Honoré		Pluie : mm Cumul : mm °C mini : °C maxi : Pression : hPa Temps :
Vendredi 17 mai St Pascal		Pluie : mm Cumul : mm °C mini : °C maxi : Pression : hPa Temps :
Samedi 18 mai St Éric		Pluie : mm Cumul : mm °C mini : °C maxi : Pression : hPa Temps :
Dimanche 19 mai Pentecôte		Pluie : mm Cumul : mm °C mini : °C maxi : Pression : hPa Temps :

« Lorsqu'il pleut le treize mai, pour les blés signe mauvais. »

♈ Bélier ♉ Taureau ♊ Gémeaux ♋ Cancer ♌ Lion ♍ Vierge ♎ Balance ♏ Scorpion ♐ Sagittaire ♑ Capricorne ♒ Verseau ♓ Poissons

Date	Lune	Lever / coucher	Zodiaque
Lundi 20 mai	lune descendante	18 h 28 / 4 h 30	6 h 27 ♍
Mardi 21 mai	lune descendante	19 h 40 / 4 h 44	17 h 59 ♎
Mercredi 22 mai	lune descendante	20 h 55 / 5 h 02	
Jeudi 23 mai	Pleine lune à 15 h 53 – lune descendante	22 h 11 / 5 h 24	10 h 50 ♏
Vendredi 24 mai	lune descendante	23 h 24 / 5 h 54	
Samedi 25 mai	lune descendante jusqu'à 21 h 41, puis lune montante	– / 6 h 36	11 h 47 ♐
Dimanche 26 mai	lune montante	0 h 27 / 7 h 33	

Travaux au jardin

♍ (à partir de 6 h 27)

- Éclaircissez les carottes jusqu'à 10 cm. Ne laissez pas les plants arrachés sur place car ils risquent d'attirer la mouche. Pour la même raison, il est recommandé de boucher les trous après arrachage en binant. Vous pouvez saupoudrer les rangs des carottes avec des algues brunes en poudre, de la suie ou de la tanaisie séchée et émiettée (si vous avez pris la précaution de la récolter en automne).

♎ (à partir de 17 h 59)

- Bouturez les arbustes comme les deutzias, les seringats et les potentilles.
- Installez les bégonias, les pélargoniums, les œillets 'Chabaud', les impatiens ainsi que toutes les annuelles en pots ou dans les massifs.
- Plantez les brocolis et les choux-fleurs semés à la mi-mars, en espaçant les pieds d'environ 70 cm en tous sens.
- Dans les régions fraîches, c'est le bon moment pour repiquer les plants d'artichauts.

♏ (à partir de 10 h 50)

- Installez les aromatiques. Au potager, associez-les aux légumes car certaines d'entre elles (ciboulette, sauge, romarin, thym, sarriette…) repoussent les parasites.
- En tordant les pétioles pour les arracher, commencez la récolte de la rhubarbe.
- Plantez le fenouil en lignes, tous les 20 cm environ, puis arrosez régulièrement. Ne tardez pas à butter afin d'obtenir des bulbes bien blancs.
- Éclaircissez les poirées, en laissant un plant tous les 40 cm. Ce légume étant très productif, il n'est pas nécessaire de repiquer les plants arrachés.

♐ (à partir de 11 h 47)

- Éclaircissez les pommes et les poires en conservant le fruit du centre pour les pommiers et un fruit périphérique pour les poiriers. Pour éclaircir, il faut légèrement secouer l'arbre pour faire tomber les fruits mal accrochés et/ou malades. Cela permet d'éliminer les fruits en surnombre, de faire grossir les fruits maintenus en place, de les rendre plus savoureux et naturellement plus sucrés.

Ne pas oublier : si vos arbustes ne sont pas attaqués par des pucerons, ne les traitez pas. Laissez faire les coccinelles.

Date	Notes :	Météo :
Lundi 20 mai Lundi de Pentecôte		Pluie : … mm Cumul : … mm °C mini : … °C maxi : … Pression : … hPa Temps : …
Mardi 21 mai St Constantin		Pluie : … mm Cumul : … mm °C mini : … °C maxi : … Pression : … hPa Temps : …
Mercredi 22 mai St Émile		Pluie : … mm Cumul : … mm °C mini : … °C maxi : … Pression : … hPa Temps : …
Jeudi 23 mai St Didier		Pluie : … mm Cumul : … mm °C mini : … °C maxi : … Pression : … hPa Temps : …
Vendredi 24 mai St Donation		Pluie : … mm Cumul : … mm °C mini : … °C maxi : … Pression : … hPa Temps : …
Samedi 25 mai Ste Sophie		Pluie : … mm Cumul : … mm °C mini : … °C maxi : … Pression : … hPa Temps : …
Dimanche 26 mai Fête des Mères		Pluie : … mm Cumul : … mm °C mini : … °C maxi : … Pression : … hPa Temps : …

« Un essaim du mois de mai vaut une vache du pays de Bray. »

♈ Bélier ♉ Taureau ♊ Gémeaux ♋ Cancer ♌ Lion ♍ Vierge ♎ Balance ♏ Scorpion ♐ Sagittaire ♑ Capricorne ♒ Verseau ♓ Poissons

Date	Lune	Lever / coucher	Jour	Zodiaque	Travaux au jardin
Lundi **27** mai	lune montante	1 h 18 8 h 45		♐ 20 h 59	Semez des haricots (mange-tout, à filets, verts ou beurre, à écosser, nains, grimpants…). À l'extrémité des rangs de haricots, semez des capucines qui attireront les pucerons.
Mardi **28** mai	lune montante	1 h 56 10 h 05		♑	Semez des endives ('Opale', 'Magnum', 'Zoom') en terre pas trop riche et en lignes distantes d'environ 30 cm. Couvrez les graines avec 1 cm de terre fine, tassez et arrosez en pluie fine. Semez des radis 'Rose de Chine', 'Violet de Gournay', 'Noir gros long d'hiver'. Alternez les rangs tous les 25 à 30 cm avec des carottes, vos radis seront plus doux. Vous éclaircirez les jeunes plants tous les 10 à 15 cm. Si votre potager est petit, vous pouvez, pour gagner de la place, planter les radis dans des rangées de laitues ou de carottes.
Mercredi **29** mai	lune montante	2 h 23 11 h 29		20 h 30	
Jeudi **30** mai	Premier quartier à 19 h 12	2 h 45 12 h 53		♒	Semez en place les fleurs annuelles en recouvrant légèrement les graines. Arrosez en pluie fine. Vous pouvez commencer les semis de fleurs bisannuelles comme la campanule et la giroflée ravenelle. Vous pouvez aussi semer du pavot et de la rose trémière, sauf en climat sec. Semez des mufliers en mélangeant les graines avec du sable fin car celles-ci sont minuscules. Semez l'agastache qui est à la fois très florifère et aromatique, le lin vivace et l'ancolie en pépinière, en lignes, pour désherber plus facilement.
Vendredi **31** mai	lune montante	3 h 02 14 h 15		22 h 16	
Samedi **1er** juin	lune montante	3 h 18 15 h 37		♓	Renouvelez les semis de salades : laitue pommée, batavia, laitue à couper, roquette et pourpier. Faites attention au choix des variétés et semez des laitues pommées qui résistent à la montée en graines : 'Reine des glaces', 'Sucrine', 'Merveille des Saisons', 'Kinemontepas'.
Dimanche **2** juin	NA à 5 h 07 P à 9 h 16	3 h 33 16 h 59			⚠ **Dimanche, ne jardinez pas avant 14 h 20.** N'oubliez pas la chicorée frisée, la scarole, le pourpier, la roquette et le mesclun. Plantez les premières salades entre les rangs d'échalotes ou d'oignons. De cette manière, elles absorberont l'azote dont ces derniers n'ont pas besoin.

Ne pas oublier : installez des pièges à phéromones dans les cerisiers qui risquent d'être attaqués par la mouche.

Date	Notes :	Météo :
Lundi 27 mai St Augustin		Pluie : … mm Cumul : … mm °C mini : … °C maxi : … Pression : … hPa Temps : …
Mardi 28 mai St Germain		Pluie : … mm Cumul : … mm °C mini : … °C maxi : … Pression : … hPa Temps : …
Mercredi 29 mai St Aymar		Pluie : … mm Cumul : … mm °C mini : … °C maxi : … Pression : … hPa Temps : …
Jeudi 30 mai St Ferdinand		Pluie : … mm Cumul : … mm °C mini : … °C maxi : … Pression : … hPa Temps : …
Vendredi 31 mai Visitation		Pluie : … mm Cumul : … mm °C mini : … °C maxi : … Pression : … hPa Temps : …
Samedi 1er juin St Justin		Pluie : … mm Cumul : … mm °C mini : … °C maxi : … Pression : … hPa Temps : …
Dimanche 2 juin Ste Blandine		Pluie : … mm Cumul : … mm °C mini : … °C maxi : … Pression : … hPa Temps : …

« Jusqu'au vingt-huit (mai), l'hiver n'est pas cuit (achevé). »

♈ Bélier ♉ Taureau ♊ Gémeaux ♋ Cancer ♌ Lion ♍ Vierge ♎ Balance ♏ Scorpion ♐ Sagittaire ♑ Capricorne ♒ Verseau ♓ Poissons

Date	Lune	Lever / coucher	Jour	Zodiaque	Travaux au jardin
Lundi 3 juin	Lune montante	3 h 50 / 18 h 24		7 h 09 ♈	**Repères phénologiques** En juin, la glycine embaume l'air et les roses sont les reines des massifs ! L'acacia, la ciboule, la ciboulette, le châtaignier, l'iris, le lantana, la lavande, le tilleul sont en pleine floraison. Avec l'été qui approche, les chants d'oiseaux se font plus rares. On entend encore le pinson des arbres ou la fauvette à tête noire en journée. Le rouge-gorge nous régale surtout le soir et jusqu'à la nuit. Dans le Midi, les cigales commencent à chanter.
Mardi 4 juin	Lune montante	4 h 10 / 19 h 49			
Mercredi 5 juin	Lune montante	4 h 36 / 21 h 14		3 h 34 ♉	Commencez les semis des radis d'hiver très rustiques, en évitant la proximité du chou. Semez en lignes, à 2 cm de profondeur, tous les 4 à 5 cm. Vous éclaircirez à 15 cm. À côté des variétés traditionnelles comme 'Noir rond', 'Noir gros long d'hiver', 'Rose d'hiver de Chine', 'Violet de Gournay', vous trouverez aussi des variétés d'origine japonaise appelées 'Daïkon' à la saveur plus douce et même parfois sucrée. Les radis d'hiver apprécient une terre profonde, humifère mais sans fumure récente, restant fraîche tout en étant ensoleillée. Semez des carottes pour vos récoltes d'hiver ('de Colmar', 'Flyaway', 'Purple Haze'). Prévoyez 30 cm entre deux rangs. Creusez de larges sillons, couvrez, tassez et arrosez en pluie fine. Alternez les rangs de carottes avec des semis de radis. Grâce aux carottes, vos radis sont plus doux.
Jeudi 6 juin	Nouvelle lune à 14 h 37 ; Lune montante	5 h 10 / 22 h 31			
Vendredi 7 juin	Lune montante jusqu'à 18 h 21, puis lune descendante	5 h 56 / 23 h 35			
Samedi 8 juin	Lune descendante	6 h 55 / –		7 h 03 ♊	Taillez les gourmands des rosiers, traitez contre les pucerons en pulvérisant du savon noir. Taillez les rosiers non remontants, en supprimant les roses fanées qui sont encore en fleurs, pour prolonger la floraison en évitant que les arbustes ne se concentrent sur la production de fruits.
Dimanche 9 juin	Lune descendante	8 h 04 / 0 h 24		16 h 33 ♋	Semez les plantes nécessaires à la lutte phytosanitaire (les capucines, la tanaisie, les soucis) à proximité des pommes de terre et des rosiers.

Ne pas oublier : luttez contre la carpocapse du pommier et du poirier avec des pièges à phéromones pour limiter le nombre de fruits véreux.

Date	Notes :	Météo :
Lundi 3 juin St Kévin		Pluie : … mm Cumul : … mm °C mini : … °C maxi : … Pression : … hPa Temps : …
Mardi 4 juin Ste Clotilde		Pluie : … mm Cumul : … mm °C mini : … °C maxi : … Pression : … hPa Temps : …
Mercredi 5 juin St Igor		Pluie : … mm Cumul : … mm °C mini : … °C maxi : … Pression : … hPa Temps : …
Jeudi 6 juin St Norbert		Pluie : … mm Cumul : … mm °C mini : … °C maxi : … Pression : … hPa Temps : …
Vendredi 7 juin St Gilbert		Pluie : … mm Cumul : … mm °C mini : … °C maxi : … Pression : … hPa Temps : …
Samedi 8 juin St Médard		Pluie : … mm Cumul : … mm °C mini : … °C maxi : … Pression : … hPa Temps : …
Dimanche 9 juin Ste Diane		Pluie : … mm Cumul : … mm °C mini : … °C maxi : … Pression : … hPa Temps : …

« La fleur de juin n'engendre pas de pépin. »

♈ Bélier ♉ Taureau ♊ Gémeaux ♋ Cancer ♌ Lion ♍ Vierge ♎ Balance ♏ Scorpion ♐ Sagittaire ♑ Capricorne ♒ Verseau ♓ Poissons

Date	Lune	Lever / coucher	Jour	Zodiaque
Lundi 10 juin	Lune descendante	9 h 18 / 0 h 59		♋
Mardi 11 juin	Lune descendante	10 h 32 / 1 h 24		6 h 09 ♌
Mercredi 12 juin	Lune descendante	11 h 43 / 1 h 43		♌
Jeudi 13 juin	Lune descendante	12 h 51 / 1 h 59		♌
Vendredi 14 juin	Lune descendante; à 7 h 18; A à 15 h 35	13 h 58 / 2 h 12		6 h 55 ♍
Samedi 15 juin	Lune descendante; ND à 22 h 17	15 h 05 / 2 h 24		♍
Dimanche 16 juin	Lune descendante	16 h 13 / 2 h 36		♍

Travaux au jardin

- Mettez vos rosiers en valeur en créant ou utilisant une toile de fond végétale : haie, bosquet d'arbustes à feuillage vert foncé. Des végétaux à feuillage persistant seront particulièrement adaptés. Attention, ne faites pas trop ombrage à vos rosiers.
- Semez les engrais verts aux endroits libres du potager.

Bon à savoir ! Quand pulvériser la silice de corne ?

Cette préparation s'adressant à la partie aérienne des plantes, il est important pour l'époque de pulvérisation de tenir compte du stade de développement de la culture. Elle est appliquée le plus souvent au printemps, lorsque les plantes ont acquis de la vigueur et sont en pleine croissance, et durant l'été et l'automne, quand les fruits se forment. De manière générale, il faut éviter de pulvériser sur des plantes trop jeunes ou trop faibles. Elle est particulièrement utile après et durant des périodes pluvieuses ou d'humidité prolongée, mais vous vous abstiendrez de pulvériser sous la pluie. La préparation devrait être appliquée au plus près du lever du soleil, mais pas avant celui-ci, et au plus tard avant 8 heures du matin.

⚠ **Vendredi, ne jardinez plus après 10 h 30.**

⚠ **Samedi, ne jardinez plus après 17 h 15.**

- Commencez la récolte des oignons, des échalotes et de l'ail en les laissant ressuyer sur le sol pendant plusieurs jours avant de les stocker au sec. Si le sol est frais, vous pouvez les déchausser en enlevant la terre autour des bulbes pour hâter leur flétrissement. Vous les stockerez ensuite dans des cagettes, sans trop les entasser, dans un endroit balayé par un courant d'air. Une bonne aération est la clé de la conservation de ces légumes indispensables en cuisine.
- Récoltez les premières pommes de terre précoces ('Belle de Fontenay'). Elles se conservent très mal : il est conseillé de les arracher selon les besoins.

Ne pas oublier : traitez biologiquement les arbres fruitiers contre le carpocapse.

Date	Notes :	Météo :
Lundi 10 juin St Landry		Pluie : mm Cumul : mm °C mini : °C maxi : Pression : hPa Temps :
Mardi 11 juin St Barnabé		Pluie : mm Cumul : mm °C mini : °C maxi : Pression : hPa Temps :
Mercredi 12 juin St Guy		Pluie : mm Cumul : mm °C mini : °C maxi : Pression : hPa Temps :
Jeudi 13 juin St Antoine de Padoue		Pluie : mm Cumul : mm °C mini : °C maxi : Pression : hPa Temps :
Vendredi 14 juin St Élisée		Pluie : mm Cumul : mm °C mini : °C maxi : Pression : hPa Temps :
Samedi 15 juin Ste Germaine		Pluie : mm Cumul : mm °C mini : °C maxi : Pression : hPa Temps :
Dimanche 16 juin Fête des Pères		Pluie : mm Cumul : mm °C mini : °C maxi : Pression : hPa Temps :

« Soleil de juin, ne ruine personne ! »

♈ Bélier ♉ Taureau ♊ Gémeaux ♋ Cancer ♌ Lion ♍ Vierge ♎ Balance ♏ Scorpion ♐ Sagittaire ♑ Capricorne ♒ Verseau ♓ Poissons

Date	Lune	Lever coucher	Jour	Zodiaque	Travaux au jardin
Lundi 17 juin	Lune descendante	17 h 23 / 2 h 50		♍	Installez les céleris-raves semés au début mars. Arrosez régulièrement et paillez avec du compost recouvert d'une fine couche de paille.
Mardi 18 juin	Lune descendante	18 h 36 / 3 h 05		2 h 12 ♎	**Bon à savoir !** Pour lutter contre les pucerons, le savon noir est l'une des méthodes les plus efficaces et naturelles. Pour cela, mélangez 20 cl de savon noir dans 1 litre d'eau et pulvérisez sur les insectes. Pulvérisez de préférence le matin ou en fin de journée par beau temps. N'oubliez pas l'envers des feuilles, où se trouvent la plupart des pucerons.
Mercredi 19 juin	Lune descendante	19 h 52 / 3 h 25		18 h 59 ♏	Taillez le lierre afin qu'il n'envahisse pas les gouttières. Allez-y franchement : il aime ça ! Contrairement à ce que l'on pense, le lierre ne porte pas préjudice aux murs qu'il recouvre. À condition qu'ils soient suffisamment étanches pour interdire la pénétration des crampons végétaux. Au contraire : le feuillage dense et persistant du lierre peut jouer un rôle d'isolant, protégeant les murs des vents froids et de la pluie.
Jeudi 20 juin Solstice d'été	Lune descendante	21 h 07 / 3 h 52			
Vendredi 21 juin	Lune descendante	22 h 16 / 4 h 30		19 h 25 ♐	**Astuce !** En permaculture, la base est l'observation de la nature et son imitation pour arriver à des écosystèmes productifs, résilients et biodiversifiés. Il est préférable de privilégier les petits systèmes intensifs, plantés densément autrement qu'en ligne pour utiliser au mieux l'espace disponible et par conséquent augmenter vos récoltes. Vous pouvez, par exemple, planter en triangle des végétaux à haut développement comme les fèves, les tomates, les pois, les haricots, les choux, le maïs… et semer entre eux, au milieu du triangle, des couvre-sols ou des racines au développement aérien moins important.
Samedi 22 juin	4 h 37 Lune montante ; ○ à 3 h 07	23 h 12 / 5 h 22			
Dimanche 23 juin	Lune montante	23 h 55 / 6 h 30			

Ne pas oublier : en prévention, pensez à pulvériser la préparation de savon noir sur vos plantes et rosiers avant la période de ponte des pucerons et autres insectes, au printemps et à l'automne.

Date	Notes :	Météo :
Lundi 17 juin St Hervé		Pluie : mm Cumul : mm °C mini : °C maxi : Pression : hPa Temps :
Mardi 18 juin St Léonce		Pluie : mm Cumul : mm °C mini : °C maxi : Pression : hPa Temps :
Mercredi 19 juin St Romuald		Pluie : mm Cumul : mm °C mini : °C maxi : Pression : hPa Temps :
Jeudi 20 juin Été		Pluie : mm Cumul : mm °C mini : °C maxi : Pression : hPa Temps :
Vendredi 21 juin St Gonzague		Pluie : mm Cumul : mm °C mini : °C maxi : Pression : hPa Temps :
Samedi 22 juin St Alban		Pluie : mm Cumul : mm °C mini : °C maxi : Pression : hPa Temps :
Dimanche 23 juin Ste Audrey		Pluie : mm Cumul : mm °C mini : °C maxi : Pression : hPa Temps :

« De juin, le vent du soir est pour le grain bon espoir. »

♈ Bélier ♉ Taureau ♊ Gémeaux ♋ Cancer ♌ Lion ♍ Vierge ♎ Balance ♏ Scorpion ♐ Sagittaire ♑ Capricorne ♒ Verseau ♓ Poissons

Date	Lune	Lever / coucher	Jour	Zodiaque	Travaux au jardin
Lundi 24 juin	Lune montante	– / 7 h 50		3 h 34 ♑	Semez des radis d'hiver ('Rose d'Hiver', 'Violet de Gournay') en lignes distantes de 30 à 40 cm. Éclaircissez après la levée en laissant un plant tous les 10 à 15 cm. Vous pouvez aussi trouver une variété d'origine japonaise 'Daïkon', à la saveur plus douce. Semez des betteraves ('Chioggia', 'd'Égypte', 'Détroit 3') dans un sillon large et peu profond. Couvrez, tassez et arrosez en fine pluie.
Mardi 25 juin	Lune montante	0 h 26 / 9 h 15			
Mercredi 26 juin	Lune montante	0 h 50 / 10 h 41		2 h 18 ♒	En juin, l'activité des abeilles est intense et la population des colonies atteint son maximum. L'apiculteur doit surveiller régulièrement ses ruches pour contrôler les colonies et prélever les hausses. Dès que les hausses sont pleines (lorsque les cadres sont quasiment pleins et operculés), il faut en ajouter une nouvelle. Les abeilles cirières sont toujours très actives, c'est le moment de leur faire construire des rayons en plaçant un cadre de cire gaufré au centre du corps de ruche. ⚠ **Jeudi, ne jardinez pas entre 8 h 30 et 18 h 30.**
Jeudi 27 juin	P à 13 h 30	1 h 08 / 12 h 04			
Vendredi 28 juin	◐ à 23 h 53	1 h 25 / 13 h 26		2 h 52 ♓	Semez les engrais verts (trèfle rampant, moutarde ou sarrasin) dans les planches débarrassées de leurs cultures. Le principe de l'engrais vert est d'enrichir et d'améliorer le sol en y apportant des plantes poussées sur place. ⚠ **Samedi, ne jardinez pas avant 11 h 30.** Récoltez les plantes aromatiques (le thym, le romarin, la sauge, la marjolaine, l'origan, l'estragon, la sarriette…) avant leur floraison. Procédez par beau temps, en milieu de journée, et en tout cas après l'évaporation de la rosée. Vous ferez ensuite sécher les aromatiques dans l'obscurité dans un endroit chaud, sec et bien aéré.
Samedi 29 juin	NA à 6 h 25	1 h 40 / 14 h 47			
Dimanche 30 juin	Lune montante	1 h 56 / 16 h 09		13 h 22 ♈	Essayez des greffes en écusson d'abricotiers, de pêchers et de pruniers.

Ne pas oublier : pensez à entretenir votre mobilier de jardin..

Date	Notes :	Météo :
Lundi 24 juin St Jean-Baptiste		Pluie : mm Cumul : mm °C mini : °C maxi : Pression : hPa Temps :
Mardi 25 juin St Prosper		Pluie : mm Cumul : mm °C mini : °C maxi : Pression : hPa Temps :
Mercredi 26 juin St Anthelme		Pluie : mm Cumul : mm °C mini : °C maxi : Pression : hPa Temps :
Jeudi 27 juin St Fernand		Pluie : mm Cumul : mm °C mini : °C maxi : Pression : hPa Temps :
Vendredi 28 juin Ste Irénée		Pluie : mm Cumul : mm °C mini : °C maxi : Pression : hPa Temps :
Samedi 29 juin Sts Pierre, Paul		Pluie : mm Cumul : mm °C mini : °C maxi : Pression : hPa Temps :
Dimanche 30 juin St Martial		Pluie : mm Cumul : mm °C mini : °C maxi : Pression : hPa Temps :

« Abeilles de mai valent de l'or, en juin, c'est chance encore. »

♈ Bélier ♉ Taureau ♊ Gémeaux ♋ Cancer ♌ Lion ♍ Vierge ♎ Balance ♏ Scorpion ♐ Sagittaire ♑ Capricorne ♒ Verseau ♓ Poissons

Date	Lune	Lever coucher	Zodiaque	Travaux au jardin
Lundi 1er juillet	lune montante	2 h 14 17 h 32	♈	Semez des courgettes en poquets : enrichissez les trous de compost et placez-y 3 graines de courgettes 'Gold Rush' ou 'Diamant' qui sont précoces et productives. À la levée, vous conserverez le plus beau plant de chaque poquet. Vous récolterez de septembre jusqu'aux premières gelées.
Mardi 2 juillet	lune montante	2 h 37 18 h 55	10 h 42 ♉	Pensez à tondre vos pelouses. Une bonne tonte régulière est l'un des facteurs qui permettent de conserver une pelouse en parfait état. Pour optimiser le résultat de votre travail, effectuez les tontes quand l'herbe est sèche. Tondez aussi de préférence lorsque l'herbe est 30 % plus haute que la taille conseillée. Les graminées de climat froid doivent être maintenues à 6 ou 7 cm tandis que celles de climat chaud peuvent être coupées en été à 2 ou 3 cm. Tondez aussi dans des directions différentes à chaque tonte : une fois dans la longueur de la pelouse, une fois dans sa largeur. Cela évite la compaction du sol et aide l'herbe à pousser droit.
Mercredi 3 juillet	lune montante	3 h 07 20 h 14		
Jeudi 4 juillet	lune montante jusqu'à 2 h 02, puis lune descendante	3 h 47 21 h 23		
Vendredi 5 juillet	lune descendante	4 h 41 22 h 17	15 h 23 ♊	**Repères phénologiques** En juillet, la floraison des plantes est à son apogée : de toutes les couleurs, les fleurs embellissent le jardin, poussées à éclore par le soleil et de chaudes températures. L'arnica, le millepertuis, le cerfeuil, le chardon et de nombreuses plantes sauvages sont en fleurs. Seule la fauvette à tête noire fait encore entendre son chant. Dans la campagne, on entend assez souvent les cris du pivert.
Samedi 6 juillet	lune descendante ; à 0 h 57	5 h 46 22 h 57		
Dimanche 7 juillet	lune descendante	6 h 59 23 h 25	1 h 03 ♋	Nettoyez les endroits qui sont envahis par les ronces, les chardons et les pruneliers en coupant au plus près du sol. Pour se débarrasser des chardons, évitez toute montée en graine par des arrachages ou des fauchages successifs.

Ne pas oublier : traitez biologiquement (avec des pièges à phéromones) les arbres fruitiers contre la carpocapse.

Date	Notes :	Météo :
Lundi 1er juillet St Thierry		Pluie : ... mm Cumul : ... mm °C mini : ... °C maxi : ... Pression : ... hPa Temps : ...
Mardi 2 juillet St Martinien		Pluie : ... mm Cumul : ... mm °C mini : ... °C maxi : ... Pression : ... hPa Temps : ...
Mercredi 3 juillet St Thomas		Pluie : ... mm Cumul : ... mm °C mini : ... °C maxi : ... Pression : ... hPa Temps : ...
Jeudi 4 juillet St Florent		Pluie : ... mm Cumul : ... mm °C mini : ... °C maxi : ... Pression : ... hPa Temps : ...
Vendredi 5 juillet St Antoine		Pluie : ... mm Cumul : ... mm °C mini : ... °C maxi : ... Pression : ... hPa Temps : ...
Samedi 6 juillet Ste Mariette		Pluie : ... mm Cumul : ... mm °C mini : ... °C maxi : ... Pression : ... hPa Temps : ...
Dimanche 7 juillet St Raoul		Pluie : ... mm Cumul : ... mm °C mini : ... °C maxi : ... Pression : ... hPa Temps : ...

« En juillet le tonnerre sème richesse en terre. »

♈ Bélier ♉ Taureau ♊ Gémeaux ♋ Cancer ♌ Lion ♍ Vierge ♎ Balance ♏ Scorpion ♐ Sagittaire ♑ Capricorne ♒ Verseau ♓ Poissons

Date	Lune	Lever / coucher	Jour	Zodiaque
Lundi 8 juillet	Lune descendante	8 h 14 / 23 h 47	 	♋ — 14 h 34 — ♌
Mardi 9 juillet	Lune descendante	9 h 26 / –		♌
Mercredi 10 juillet	Lune descendante	10 h 37 / 0 h 03		♌
Jeudi 11 juillet	Lune descendante	11 h 44 / 0 h 17		♌ — 15 h 03 — ♍
Vendredi 12 juillet	A à 10 h 10	12 h 51 / 0 h 30		♍
Samedi 13 juillet	ND à 0 h 26	13 h 58 / 0 h 42		♍
Dimanche 14 juillet	Premier quartier à 0 h 48	15 h 06 / 0 h 55		♍

Travaux au jardin

» Éclaircissez les laitues et les chicorées.

Le bêchage, tu éviteras !

Dans le cadre de la permaculture, il est un travail éreintant qui passe aux oubliettes : le bêchage ! Cette véritable corvée va à l'encontre des principes de la permaculture. Elle peut même s'avérer contre-productive dans la mesure où mélanger la couverture organique de surface avec les éléments minéraux qui se trouvent plus en profondeur a tendance à déranger, à perturber les organismes vivants qui se trouvent dans le sol. Par ailleurs, le bêchage présente quelques autres inconvénients. Notamment celui de ramener à la surface les graines des mauvaises herbes indésirables qui, autrement, restent enfouies en profondeur.

» Si les plants des pommes de terre commencent à fleurir, commencez leur arrachage. Faites-les ressuyer quelques heures au soleil (quelques heures seulement afin d'éviter tout verdissement), laissez-les ensuite sécher dans des cagettes à l'ombre. Attendez une quinzaine de jours avant de les stocker. Il faut éviter de stocker les pommes de terre à même le sol.

⚠ **Vendredi, ne jardinez pas entre 5 h et 15 h.**

⚠ **Samedi, ne jardinez pas avant 5 h 30.**

» Commencez la récolte de l'ail, de l'échalote et de l'oignon si leurs fanes sont jaunes. Vous les arracherez et les laisserez ressuyer au sol avant de les stocker dans un endroit sec. Si le sol est frais, vous pouvez les déchausser en enlevant la terre qui se trouve autour des bulbes afin de hâter leur flétrissement. Vous les stockerez alors en cagettes sans les entasser, dans un endroit balayé par un courant d'air. En bottes ou non, une bonne aération est la clé de la conservation de ces légumes.

Ne pas oublier : renouvelez les paillis tout en faisant la chasse aux limaces.

Date	Notes :	Météo :
Lundi 8 juillet St Thibault		Pluie : mm Cumul : mm °C mini : °C maxi : Pression : hPa Temps :
Mardi 9 juillet Ste Amandine		Pluie : mm Cumul : mm °C mini : °C maxi : Pression : hPa Temps :
Mercredi 10 juillet St Ulrich		Pluie : mm Cumul : mm °C mini : °C maxi : Pression : hPa Temps :
Jeudi 11 juillet St Benoît		Pluie : mm Cumul : mm °C mini : °C maxi : Pression : hPa Temps :
Vendredi 12 juillet St Olivier		Pluie : mm Cumul : mm °C mini : °C maxi : Pression : hPa Temps :
Samedi 13 juillet Sts Henri, Joël		Pluie : mm Cumul : mm °C mini : °C maxi : Pression : hPa Temps :
Dimanche 14 juillet Fête nationale		Pluie : mm Cumul : mm °C mini : °C maxi : Pression : hPa Temps :

« De juillet chaud vient un automne,
pendant lequel souvent il tonne. »

♈ Bélier ♉ Taureau ♊ Gémeaux ♋ Cancer ♌ Lion ♍ Vierge ♎ Balance ♏ Scorpion ♐ Sagittaire ♑ Capricorne ♒ Verseau ♓ Poissons

Date	Lune	Lever coucher	Jour	Zodiaque	Travaux au jardin
Lundi 15 juillet	lune descendante	16 h 17 1 h 09		♍ 10 h 48 ♎	Poursuivez la récolte des oignons, des échalotes et de l'ail. **Bon à savoir ! Les 3 sœurs** Quand il est question d'association de plantes, on parle souvent de la combinaison amérindienne des « 3 sœurs » : un pied de maïs sert de tuteur à un haricot grimpant (fixateur d'azote) pendant qu'une courge leur sert de protection en couvre-sol ! Mais il existe une infinité d'autres associations potagères bénéfiques…
Mardi 16 juillet	lune descendante	17 h 31 1 h 27			
Mercredi 17 juillet	lune descendante	18 h 47 1 h 50		3 h 57 ♏	Nettoyez les endroits envahis par les ronces, les pruneliers et les chardons en les coupant au plus près du sol. Vous vous débarrasserez de manière écologique des chardons en évitant toute montée en graine par des fauchages ou des arrachages successifs. La multiplication des interventions affaiblit progressivement la plante. Un fauchage effectué sous la pluie, qui permet à l'eau de pénétrer dans le trou de la tige, est généralement fatal au chardon. En cas d'invasion localisée et limitée, l'utilisation d'un engrais vert étouffant (comme le seigle, par exemple) peut se révéler très efficace.
Jeudi 18 juillet	lune descendante	19 h 59 2 h 22			
Vendredi 19 juillet	lune descendante jusqu'à 12 h 57, puis lune montante	21 h 01 3 h 08		4 h 32 ♐	Taillez en vert les poiriers et les pommiers palissés. Taillez aussi la vigne. Effeuillez éventuellement celle-ci pour une meilleure insolation des grappes. Taillez légèrement vos cerisiers après leur production. Ils produiront alors moins de gomme. Supprimez les pousses des mûriers et des framboisiers qui ont fructifié. Sous climat frais, accélérez la maturation des melons, des poivrons et des aubergines en pinçant les pousses. Taillez les gourmands des tomates et les tiges stériles ou trop longues des courges et des potirons.
Samedi 20 juillet	lune montante	21 h 50 4 h 10			
Dimanche 21 juillet	lune montante; pleine lune à 4 h 52	22 h 26 5 h 27		12 h 06 ♑	Semez des carottes et des navets pour l'hiver en espaçant les rangs d'une vingtaine de centimètres.

Ne pas oublier : par souci d'économie, mais aussi pour préserver des espèces rares, vous allez commencer à recueillir tout au long de l'été les graines des fleurs.

Date	Notes :	Météo :
Lundi 15 juillet St Donald		Pluie : mm Cumul : mm °C mini : °C maxi : Pression : hPa Temps :
Mardi 16 juillet N.-D. du Mt Carmel		Pluie : mm Cumul : mm °C mini : °C maxi : Pression : hPa Temps :
Mercredi 17 juillet Ste Charlotte		Pluie : mm Cumul : mm °C mini : °C maxi : Pression : hPa Temps :
Jeudi 18 juillet St Frédéric		Pluie : mm Cumul : mm °C mini : °C maxi : Pression : hPa Temps :
Vendredi 19 juillet St Arsène		Pluie : mm Cumul : mm °C mini : °C maxi : Pression : hPa Temps :
Samedi 20 juillet Ste Marina		Pluie : mm Cumul : mm °C mini : °C maxi : Pression : hPa Temps :
Dimanche 21 juillet St Victor		Pluie : mm Cumul : mm °C mini : °C maxi : Pression : hPa Temps :

« En juillet, sombre matinée n'empêche pas belle journée. »

♈ Bélier ♉ Taureau ♊ Gémeaux ♋ Cancer ♌ Lion ♍ Vierge ♎ Balance ♏ Scorpion ♐ Sagittaire ♑ Capricorne ♒ Verseau ♓ Poissons

Date	Lune	Lever coucher	Jour	Zodiaque	Travaux au jardin
Lundi 22 juillet	Lune montante	22 h 53 6 h 53		♑	Semez des carottes et des navets 'Jaune Boule d'Or', 'Stanis', 'Blanc Dur d'Hiver' et 'de Bency' pour l'hiver, en espaçant les rangs de 20 cm. Semez encore des radis d'hiver 'Rose de Chine' ou 'Violet de Gournay'. Sous climat doux et en terre peu profonde, vous pouvez aussi semer des radis asiatiques, à la saveur plus douce.
Mardi 23 juillet		23 h 13 8 h 21		9 h 48 ♒	**À faire...** • Poursuivez les pulvérisations de silice de corne. • Ajoutez des extraits fermentés de consoude ou d'ortie à hauteur de 15 % dans les seaux d'eau d'arrosage. Ceci stimulera les plantes exigeantes (tomates, aubergines courgettes...). • Couvrez les inter-rangs avec de la paille, du compost ou toute autre matière organique disponible.
Mercredi 24 juillet	P à 7 h 40	23 h 30 9 h 47			⚠ **Mercredi, ne jardinez pas avant 12 h 45.**
Jeudi 25 juillet		23 h 46 11 h 12		8 h 20 ♓	Semez les premiers engrais verts (le trèfle rampant, la moutarde ou le sarrasin) dans les planches qui ont été débarrassées de leurs cultures.
Vendredi 26 juillet	NA à 7 h 32	– 12 h 35			⚠ **Vendredi, ne jardinez pas avant 12 h 45.** **Engrais verts, késako ?** Ce sont des plantes cultivées pour améliorer la fertilité et la structure du sol et non pour être récoltées. Les engrais verts présentent de nombreux avantages : leurs racines fissurent le sol et améliorent sa perméabilité à l'air et à l'eau, ils étouffent les « mauvaises herbes », protègent le sol et peuvent servir de paillis par la suite, ils aident à réguler le pH du sol.
Samedi 27 juillet		0 h 02 13 h 58		18 h 55 ♈	Le moment est venu de greffer en écusson les pommiers, les poiriers, les pruniers, les abricotiers et les pêchers. Cette greffe est la plus utilisée de toutes les techniques de greffes. Elle est surtout conseillée pour les fruits à noyau, car la moelle de leur arbre est souvent plus fragile que celle des fruits à pépins et supporte mal la greffe en fente.
Dimanche 28 juillet	◐ à 4 h 51	0 h 20 15 h 21			

Ne pas oublier : arrosez désormais plutôt le soir que le matin.

Date	Notes :	Météo :
Lundi 22 juillet Ste Marie-Madeleine		Pluie : mm Cumul : mm °C mini : °C maxi : Pression : hPa Temps :
Mardi 23 juillet Ste Brigitte		Pluie : mm Cumul : mm °C mini : °C maxi : Pression : hPa Temps :
Mercredi 24 juillet Ste Christine		Pluie : mm Cumul : mm °C mini : °C maxi : Pression : hPa Temps :
Jeudi 25 juillet St Jacques		Pluie : mm Cumul : mm °C mini : °C maxi : Pression : hPa Temps :
Vendredi 26 juillet Sts Anne, Joachim		Pluie : mm Cumul : mm °C mini : °C maxi : Pression : hPa Temps :
Samedi 27 juillet Ste Nathalie		Pluie : mm Cumul : mm °C mini : °C maxi : Pression : hPa Temps :
Dimanche 28 juillet St Samson		Pluie : mm Cumul : mm °C mini : °C maxi : Pression : hPa Temps :

« Nuages de la Sainte-Brigitte, par le soleil sont chassés vite. »

♈ Bélier ♉ Taureau ♊ Gémeaux ♋ Cancer ♌ Lion ♍ Vierge ♎ Balance ♏ Scorpion ♐ Sagittaire ♑ Capricorne ♒ Verseau ♓ Poissons

Date	Lune	Lever / coucher	Jour	Zodiaque	Travaux au jardin
Lundi 29 juillet	lune montante	0 h 41 16 h 44		♈	Dans le Midi, dans la mesure où vous pouvez arroser à satiété, semez du maïs doux.
				16 h 21 ♉	Dans les régions bénéficiant d'un climat doux, tentez un semis d'oignons blancs. Ils seront à repiquer au mois d'octobre, pour une consommation prévue au début du printemps prochain. Semez des navets et des carottes pour l'hiver. Semez aussi des radis de tous les mois. Vous récolterez ces derniers cinq semaines après le semis. Semez également des radis d'hiver 'Noir Gros Long d'Hiver', 'Noir Long Poids d'Horloge', 'Rose de Chine', 'Violet de Gournay'. Semez en rangs espacés de 20 à 30 cm. Éclaircissez après la levée en ne laissant qu'un seul plant tous les 10 à 15 cm.
Mardi 30 juillet	lune montante	1 h 08 18 h 04			
Mercredi 31 juillet	lune montante jusqu'à 7 h 51, puis lune descendante	1 h 44 19 h 15			
Jeudi 1er août	lune descendante	2 h 33 20 h 12		22 h 07	
				♊	Bouturez le laurier-rose. Attention : contrairement au laurier-sauce, il s'agit d'une plante toxique. Nettoyez vos vivaces en coupant les tiges des fleurs fanées. Arrosez et renouvelez le paillage de vos massifs de plantes à fleurs. Plantez les bulbes d'automne.
Vendredi 2 août	lune descendante	3 h 34 20 h 56			
Samedi 3 août	lune descendante	4 h 44 21 h 28		8 h 14	
				♋	En juillet, les ressources mellifères se raréfient ainsi que l'activité dans la ruche. Il reste néanmoins quelques fleurs intéressantes pour les butineuses avec la floraison des tournesols, des lavandes ou encore des tilleuls. La ponte ralentit et les risques d'essaimage diminuent. Durant les fortes chaleurs de juillet, l'installation d'un abreuvoir à proximité des ruches devient vitale pour la santé des abeilles.
Dimanche 4 août	lune descendante; nouvelle lune à 13 h 12	5 h 58 21 h 51		22 h 04	

Ne pas oublier : soulagez le stress hydrique des arbres fruitiers en arrosant au pied.

Date	Notes :	Météo :
Lundi 29 juillet Ste Marthe		Pluie : mm Cumul : mm °C mini : °C maxi : Pression : hPa Temps :
Mardi 30 juillet Ste Juliette		Pluie : mm Cumul : mm °C mini : °C maxi : Pression : hPa Temps :
Mercredi 31 juillet St I. de Loyola		Pluie : mm Cumul : mm °C mini : °C maxi : Pression : hPa Temps :
Jeudi 1er août St Alphonse		Pluie : mm Cumul : mm °C mini : °C maxi : Pression : hPa Temps :
Vendredi 2 août St Julien-Eymard		Pluie : mm Cumul : mm °C mini : °C maxi : Pression : hPa Temps :
Samedi 3 août Ste Lydie		Pluie : mm Cumul : mm °C mini : °C maxi : Pression : hPa Temps :
Dimanche 4 août St Jean-Marie Vianney		Pluie : mm Cumul : mm °C mini : °C maxi : Pression : hPa Temps :

« À la Sainte-Marthe, prunes mûres, bonne tarte. »

♈ Bélier ♉ Taureau ♊ Gémeaux ♋ Cancer ♌ Lion ♍ Vierge ♎ Balance ♏ Scorpion ♐ Sagittaire ♑ Capricorne ♒ Verseau ♓ Poissons

Date	Lune	Lever / coucher	Jour	Zodiaque
Lundi 5 août	Lune descendante	7 h 11 / 22 h 09		♌
Mardi 6 août	Lune descendante	8 h 23 / 22 h 24		
Mercredi 7 août	Lune descendante	9 h 31 / 22 h 36		22 h 38
Jeudi 8 août	Lune descendante	10 h 38 / 22 h 48		♍
Vendredi 9 août	Lune descendante; ND à 3 h 06; A à 3 h 31	11 h 45 / 23 h 01		
Samedi 10 août	Lune descendante	12 h 52 / 23 h 14		
Dimanche 11 août	Lune descendante	14 h 02 / 23 h 30		18 h 52 ♎

Travaux au jardin

Repères phénologiques

L'été est la saison où l'on peut apercevoir aussi bien des oiseaux adultes que des oisillons, dans leur nid, ou des juvéniles qui ont commencé à sortir puis à voler, notamment des merles noirs, des rouges-gorges, des troglodytes ou encore des pinsons. Chèvrefeuille, clématite, hibiscus ou encore laurier-rose nous enchantent de leur floraison.

- Dans le verger, taillez en vert les arbres fruitiers palissés. Taillez les pommiers conduits en cordon ou en U, ainsi que les plus vigoureux poiriers palissés.
- Taillez les framboisiers non remontants : coupez au ras du sol les cannes qui ont fructifié. Les framboisiers non remontants ('Glen Clova', 'Radboud', 'Malling Promise'…) ne produisent des fruits que sur les branches âgées d'un an.

- Si les plants des pommes de terre commencent à fleurir, commencez leur arrachage. Faites-les ressuyer pendant quelques heures en plein soleil. Ensuite, séchez-les dans des cagettes placées à l'ombre afin d'éviter tout verdissement. Vous pourrez commencer leur stockage après une quinzaine de jours environ. Il faut éviter de stocker les pommes de terre à même le sol.

⚠ **Vendredi, ne jardinez pas avant 8 h 45.**

- Récoltez l'ail, les échalotes ainsi que les oignons lorsque les fanes sont jaunes. Arrachez ces légumes-racines, laissez-les ressuyer pendant une journée au soleil avant de les rentrer dans un local sec et aéré. Pour que l'ail reste blanc, protégez les têtes avec les fanes d'autres pieds.
- Préparez le sol en vue des futurs semis d'oignons sur une parcelle non fumée récemment et n'ayant pas accueilli de légumineuses cette année.
- Dans les régions qui bénéficient d'un climat doux, vous pouvez aussi tenter un semis d'oignons blancs. Ils seront à repiquer dans le courant du mois d'octobre.

- Divisez les touffes des vivaces qui ont fleuri au printemps dernier.

Ne pas oublier : ensachez vos fruits si vous êtes envahi par les guêpes ou si les oiseaux raffolent de vos grappes ou attaquent vos poires.

Date	Notes :	Météo :
Lundi 5 août St Abel		Pluie : mm Cumul : mm °C mini : °C maxi : Pression : hPa Temps :
Mardi 6 août Transfiguration		Pluie : mm Cumul : mm °C mini : °C maxi : Pression : hPa Temps :
Mercredi 7 août St Gaétan		Pluie : mm Cumul : mm °C mini : °C maxi : Pression : hPa Temps :
Jeudi 8 août St Dominique		Pluie : mm Cumul : mm °C mini : °C maxi : Pression : hPa Temps :
Vendredi 9 août St Amour		Pluie : mm Cumul : mm °C mini : °C maxi : Pression : hPa Temps :
Samedi 10 août St Laurent		Pluie : mm Cumul : mm °C mini : °C maxi : Pression : hPa Temps :
Dimanche 11 août Ste Claire		Pluie : mm Cumul : mm °C mini : °C maxi : Pression : hPa Temps :

« Au mois d'août, le vent est fou. »

♈ Bélier ♉ Taureau ♊ Gémeaux ♋ Cancer ♌ Lion ♍ Vierge ♎ Balance ♏ Scorpion ♐ Sagittaire ♑ Capricorne ♒ Verseau ♓ Poissons

Date	Lune	Lever coucher	Jour	Zodiaque	Travaux au jardin
Lundi 12 août	à 17 h 18	15 h 13 23 h 50		♎	➲ Poursuivez la plantation des bulbes à floraison automnale : les colchiques, les crocus, les cyclamens… ➲ Taillez la lavande en réduisant un peu le feuillage. ➲ Taillez les rosiers non remontants de variété ancienne en réduisant d'un bon tiers les rameaux défleuris.
Mardi 13 août	lune descendante	16 h 27 –		12 h 39 ♏	**Bon à savoir ! Des auxiliaires indispensables !** La coccinelle est l'incontestable championne toutes catégories pour ce qui est de l'élimination radicale des pucerons. Elle se montre d'une étonnante voracité et d'une surprenante efficacité : elle peut avaler jusqu'à une centaine de pucerons par jour. Plus que d'autres, la coccinelle est à choyer notamment en lui offrant, dès l'automne, un abri sec, relativement chaud et abrité du vent, où elle pourra passer l'hiver (une vieille souche d'arbre bien disposée peut faire l'affaire).
Mercredi 14 août	lune descendante	17 h 40 0 h 17			
Jeudi 15 août	22 h 05	18 h 46 0 h 56		14 h 05 ♐	➲ Greffez en écusson les pommiers, les cerisiers, les pruniers et les poiriers. Cette greffe est la plus utilisée durant les mois de juillet et d'août. Elle présente deux avantages majeurs : elle limite les gaspillages de greffons et vous pouvez savoir si elle a pris au bout de deux semaines seulement. ➲ Prélevez les greffons sans abîmer les yeux, conservez un morceau du pétiole. Glissez les greffons dans une incision en T et ligaturez avec du raphia. Vous saurez que votre greffe est réussie si le pétiole tombe au bout d'une quinzaine de jours environ.
Vendredi 16 août	lune montante	19 h 41 1 h 49			
Samedi 17 août	lune montante	20 h 22 2 h 59		22 h 06 ♑	➲ Semez des oignons blancs, à repiquer dans le courant du mois d'octobre afin de les consommer en mars ou avril prochains. L'oignon craint l'humidité : plantez-le sur buttes afin de faciliter le drainage du sol. Ne semez ni ne repiquez des oignons près de plantes demandant des arrosages.
Dimanche 18 août	lune montante	20 h 53 4 h 21			

Ne pas oublier : tuteurez les hautes tiges fleuries pour leur éviter de s'affaler.

Date	Notes :	Météo :
Lundi 12 août Ste Clarisse		Pluie : mm Cumul : mm °C mini : °C maxi : Pression : hPa Temps :
Mardi 13 août St Hippolyte		Pluie : mm Cumul : mm °C mini : °C maxi : Pression : hPa Temps :
Mercredi 14 août St Évrard		Pluie : mm Cumul : mm °C mini : °C maxi : Pression : hPa Temps :
Jeudi 15 août Assomption		Pluie : mm Cumul : mm °C mini : °C maxi : Pression : hPa Temps :
Vendredi 16 août St Armel		Pluie : mm Cumul : mm °C mini : °C maxi : Pression : hPa Temps :
Samedi 17 août St Hyacinthe		Pluie : mm Cumul : mm °C mini : °C maxi : Pression : hPa Temps :
Dimanche 18 août Ste Hélène		Pluie : mm Cumul : mm °C mini : °C maxi : Pression : hPa Temps :

« En août, de l'aube au soir, on n'a qu'une heure pour s'asseoir. »

♈ Bélier ♉ Taureau ♊ Gémeaux ♋ Cancer ♌ Lion ♍ Vierge ♎ Balance ♏ Scorpion ♐ Sagittaire ♑ Capricorne ♒ Verseau ♓ Poissons

Date	Lune	Lever coucher	Jour	Zodiaque	Travaux au jardin
Lundi 19 août	○ à 20 h 25 (lune montante)	21 h 16 / 5 h 50		♑ 19 h 25	N'oubliez pas de désherber autour des arbres fruitiers.
Mardi 20 août		21 h 35 / 7 h 20		♒	Greffez les églantiers en écusson. L'églantier commun, ou rosier sauvage rustique, ne demande presque pas d'entretien. Dès les premiers jours du printemps, il se pare de nombreuses fleurs blanches ou roses. En automne et en hiver, ces jolis fruits rouges font le régal des oiseaux et celui des gourmands (confiture, liqueur…).
Mercredi 21 août	P à 7 h 01	21 h 51 / 8 h 48		16 h 22	**Mercredi, ne jardinez pas avant 12 h 10.**
Jeudi 22 août	NA à 12 h 26	22 h 07 / 10 h 14		♓	**Jeudi, ne jardinez pas entre 7 h 15 et 17 h 30.** L'activité des abeilles a atteint son apogée aux mois de juin et juillet, le mois d'août est généralement plus calme. La circulation sur la planche d'envol diminue sensiblement. Les dernières floraisons serviront de réserves pour l'hiver. Il faut récolter les hausses le plus tôt possible car, avec le manque de nourriture, les abeilles deviennent plus agressives. Il faut aussi nettoyer les hausses vides (en les plaçant à proximité des ruches pour que les abeilles les lèchent). Et enfin, il faut extraire le miel, en veillant à bien fermer la porte de la miellerie afin d'empêcher les abeilles en quête de nourriture de venir perturber vos activités.
Vendredi 23 août		22 h 24 / 11 h 40			
Samedi 24 août		22 h 45 / 13 h 06		1 h 41 ♈	Greffez en écusson les pommiers, les pruniers, les poiriers et les cerisiers. Cette greffe présente deux avantages : elle limite les gaspillages de greffons et vous pouvez savoir si la greffe a pris au bout de deux semaines seulement. Cueillez les poires d'été qui ont viré au jaune. Si vous voulez hâter le mûrissement des poires vertes, placez-les dans un endroit sombre et à l'abri des courants d'air. Attention : elles ont tendance à blettir rapidement.
Dimanche 25 août		23 h 10 / 14 h 31		22 h 08	

Ne pas oublier : traitez les conifères contre les attaques des araignées rouges qui sont fréquentes au cœur de l'été.

Date	Notes :	Météo :
Lundi 19 août St Jean-Eudes		Pluie : mm Cumul : mm °C mini : °C maxi : Pression : hPa Temps :
Mardi 20 août St Bernard		Pluie : mm Cumul : mm °C mini : °C maxi : Pression : hPa Temps :
Mercredi 21 août St Christophe		Pluie : mm Cumul : mm °C mini : °C maxi : Pression : hPa Temps :
Jeudi 22 août St Fabrice		Pluie : mm Cumul : mm °C mini : °C maxi : Pression : hPa Temps :
Vendredi 23 août Ste Rose de Lima		Pluie : mm Cumul : mm °C mini : °C maxi : Pression : hPa Temps :
Samedi 24 août St Barthélemy		Pluie : mm Cumul : mm °C mini : °C maxi : Pression : hPa Temps :
Dimanche 25 août St Louis		Pluie : mm Cumul : mm °C mini : °C maxi : Pression : hPa Temps :

« Pluie violente à la Saint-Christophe
peut mener à la catastrophe. »

♈ Bélier ♉ Taureau ♊ Gémeaux ♋ Cancer ♌ Lion ♍ Vierge ♎ Balance ♏ Scorpion ♐ Sagittaire ♑ Capricorne ♒ Verseau ♓ Poissons

Date	Lune	Lever / coucher	Jour	Zodiaque	Travaux au jardin
Lundi 26 août	Premier quartier à 11 h 25 – lune montante	23 h 43 / 15 h 54		♉	En lignes espacées d'une vingtaine de centimètres, semez les poireaux « baguettes » en veillant à bien disperser les graines. Après la levée, éclaircissez en ne conservant qu'un seul plant tous les 5 cm. Ils se récolteront au mois de mai prochain. Semez aussi des oignons blancs, à repiquer au mois d'octobre pour une conservation en mars et avril prochains. Semez serré pour obtenir des bulbilles de petit calibre : elles risquent moins de monter en graine. En lune descendante, vous pouvez commencer l'éclaircissage de vos légumes-racines ainsi que l'arrachage des dernières pommes de terre. Laissez-les ressuyer sur le sol pendant quelques heures au soleil. Pas plus longtemps pour qu'elles ne verdissent pas.
Mardi 27 août	lune montante	– / 17 h 08			
Mercredi 28 août	12 h 57 – lune descendante	0 h 28 / 18 h 10			
Jeudi 29 août	lune descendante	1 h 25 / 18 h 57		3 h 42 ♊	Taillez légèrement la lavande, très utile pour soulager insomnies, ballonnements, agitation, crampes… Plantez les vivaces achetées en godets. Plantez et divisez les pivoines herbacées, en enterrant peu les bourgeons. Repiquez des pensées et des pâquerettes en bordure de vos massifs à fleurs.
Vendredi 30 août	lune descendante	2 h 33 / 19 h 32		14 h 09 ♋	**À faire !** Une nouvelle pulvérisation de bouse de corne accompagnera le travail du sol, les semis et les plantations. La silice de corne, quant à elle, sera utilisée sur les légumes qui craignent les maladies cryptogamiques comme les pommes de terre, les haricots ou encore les tomates.
Samedi 31 août	lune descendante	3 h 46 / 19 h 57			
Dimanche 1er septembre	lune descendante	4 h 59 / 20 h 16		4 h 23 ♌	Effeuillez les pommiers et les poiriers afin que le soleil atteigne plus facilement les fruits.

Ne pas oublier : choisissez dès maintenant vos bulbes d'automne (crocus, colchiques, narcisses, iris, jacinthes…).

Date	Notes :	Météo :
Lundi 26 août Ste Natacha		Pluie : mm Cumul : mm °C mini : °C maxi : Pression : hPa Temps :
Mardi 27 août Ste Monique		Pluie : mm Cumul : mm °C mini : °C maxi : Pression : hPa Temps :
Mercredi 28 août St Augustin		Pluie : mm Cumul : mm °C mini : °C maxi : Pression : hPa Temps :
Jeudi 29 août Ste Sabine		Pluie : mm Cumul : mm °C mini : °C maxi : Pression : hPa Temps :
Vendredi 30 août St Fiacre		Pluie : mm Cumul : mm °C mini : °C maxi : Pression : hPa Temps :
Samedi 31 août St Aristide		Pluie : mm Cumul : mm °C mini : °C maxi : Pression : hPa Temps :
Dimanche 1er septembre St Gilles		Pluie : mm Cumul : mm °C mini : °C maxi : Pression : hPa Temps :

« Au mois d'août, il fait bon aller chercher salade et ciboule. »

♈ Bélier ♉ Taureau ♊ Gémeaux ♋ Cancer ♌ Lion ♍ Vierge ♎ Balance ♏ Scorpion ♐ Sagittaire ♑ Capricorne ♒ Verseau ♓ Poissons

Date	Lune	Lever / coucher	Jour	Zodiaque
Lundi 2 septembre	lune descendante	6 h 11 / 20 h 31		♌
Mardi 3 septembre	à 3 h 55	7 h 20 / 20 h 44		
Mercredi 4 septembre		8 h 27 / 20 h 56		5 h 23 ♍
Jeudi 5 septembre	ND à 7 h 43 / A à 16 h 55	9 h 34 / 21 h 08		
Vendredi 6 septembre		10 h 41 / 21 h 21		
Samedi 7 septembre		11 h 49 / 21 h 35		
Dimanche 8 septembre		13 h 00 / 21 h 53		1 h 49 ♎

Travaux au jardin

Repères phénologiques

Au mois de septembre, quelques arbres (le citronnier, le caroubier…) fleurissent et annoncent ainsi la fin de l'été et l'arrivée de l'automne. En septembre aussi ont lieu les dernières floraisons estivales : lys, volubilis et gerberas donnent leurs ultimes fleurs, tandis que les chrysanthèmes et les dahlias deviennent les stars du jardin. Du côté des oiseaux, le mois de septembre est surtout marqué par le départ de nombreux insectivores comme les hirondelles, les pouillots et les fauvettes.

- Si vous avez encore des pommes de terre tardives et des oignons de couleur, c'est le moment de les récolter.
- Selon vos besoins, arrachez les radis d'automne, les carottes, les navets, les betteraves et les céleris-raves. Consommez-les rapidement pour profiter au maximum de toutes leurs vitamines.

⚠ **Jeudi, ne jardinez pas.**

Cultivez en 3D !

En observant une forêt, on voit bien que la nature utilise tous « les étages » à sa disposition des couvre-sols à la canopée. Vous pouvez l'imiter en créant différents « étages » dans votre potager et notamment en valorisant la troisième dimension, la hauteur. En installant de simples piquets, des treillis ou tout autre support vertical à votre portée (structure en osier par exemple), vous pourrez faire courir dessus, à différents niveaux tout un tas de plantes annuelles et notamment les grimpantes comme les courges, les concombres, les haricots, les pois qui libéreront de la place au sol pour d'autres cultures ne pouvant pas s'élever naturellement comme les légumes racines.

- Plantez des bleuets en bordure du potager. Le bleuet est une fleur sauvage en voie de disparition. Elle est pourtant facile à vivre et se prête à différents usages : les fleurs (mellifères) sont comestibles et thérapeutiques.

Ne pas oublier : septembre est le mois idéal pour les binages, à faire de préférence après un arrosage ou une légère pluie.

Date	Notes :	Météo :
Lundi 2 septembre Ste Ingrid		Pluie : mm Cumul : mm °C mini : °C maxi : Pression : hPa Temps :
Mardi 3 septembre St Grégoire		Pluie : mm Cumul : mm °C mini : °C maxi : Pression : hPa Temps :
Mercredi 4 septembre Ste Rosalie		Pluie : mm Cumul : mm °C mini : °C maxi : Pression : hPa Temps :
Jeudi 5 septembre Ste Raïssa		Pluie : mm Cumul : mm °C mini : °C maxi : Pression : hPa Temps :
Vendredi 6 septembre St Bertrand		Pluie : mm Cumul : mm °C mini : °C maxi : Pression : hPa Temps :
Samedi 7 septembre Ste Reine		Pluie : mm Cumul : mm °C mini : °C maxi : Pression : hPa Temps :
Dimanche 8 septembre St Adrien		Pluie : mm Cumul : mm °C mini : °C maxi : Pression : hPa Temps :

« Août fait le raisin, et septembre le vin. »

♈ Bélier ♉ Taureau ♊ Gémeaux ♋ Cancer ♌ Lion ♍ Vierge ♎ Balance ♏ Scorpion ♐ Sagittaire ♑ Capricorne ♒ Verseau ♓ Poissons

Date	Lune	Lever / coucher	Zodiaque	Travaux au jardin
Lundi 9 septembre	lune descendante	14 h 12 / 22 h 17	♎ ; 20 h 08 ♏	Plantez des bleuets en bordure du potager : ils attireront les insectes auxiliaires (abeilles, coccinelles…).
Mardi 10 septembre	lune descendante	15 h 24 / 22 h 50	♏	**Spirale aromatique. Vous avez dit spirale ?** La spirale aromatique est une construction, à la fois pratique et esthétique, qui permet de cultiver, sur une surface assez restreinte (3 à 5 m² tout au plus), un très grand nombre de plantes aromatiques différentes qui ne nécessitent pas les mêmes conditions de sol et d'exposition solaire. En créant une spirale aromatique, qui est un élément en 3D, on crée différents microclimats en fonction, notamment, de la hauteur choisie et de son orientation qui vont déterminer l'ensoleillement sur les différentes zones de la spirale.
Mercredi 11 septembre	à 8 h 05 ; lune descendante jusqu'à 6 h 42, puis lune montante	16 h 32 / 23 h 35	♏ ; 22 h 42 ♐	
Jeudi 12 septembre	lune montante	17 h 30 / –	♐	En septembre le temps devient plus instable, on observe les dernières floraisons (bruyère callune, lierre…). L'activité de la colonie diminue sensiblement car les abeilles se préparent déjà pour l'hiver et la reine pond une nouvelle génération qui assurera l'hivernage. C'est le moment de contrôler les réserves de miel en pesant les ruches. Il faut aussi veiller à surélever les ruches, en les posant sur un support de ruche ou sur des briques, pour qu'elles n'absorbent pas l'humidité du sol. Pensez à stocker les hausses de ruche vides à la lumière du jour, ceci afin d'éviter la prolifération de la teigne.
Vendredi 13 septembre	lune montante	18 h 16 / 0 h 36	♐	
Samedi 14 septembre	lune montante	18 h 51 / 1 h 51	8 h 11 ♑	Semez des radis de tous les mois, qui lèveront très vite dans la terre encore chaude au prix de quelques arrosages s'il ne pleut pas. La variété 'Flamboyant' est l'une des plus intéressantes, jamais piquante. Vous avez aussi le choix des variétés 'Gaudry 2' et de 'Dix-huit jours'. Semez en lignes ou à la volée, enterrez les graines tous les 3 à 5 cm, sous 1 cm de terreau. Ne tardez pas à les éclaircir.
Dimanche 15 septembre	lune montante	19 h 17 / 3 h 16	♑	

Ne pas oublier : procédez aux dernières récoltes estivales et commencez à préparer votre jardin pour accueillir un potager d'automne.

Date	Notes :	Météo :
Lundi 9 septembre St Alain		Pluie : mm Cumul : mm °C mini : °C maxi : Pression : hPa Temps :
Mardi 10 septembre Ste Inès		Pluie : mm Cumul : mm °C mini : °C maxi : Pression : hPa Temps :
Mercredi 11 septembre St Adelphe		Pluie : mm Cumul : mm °C mini : °C maxi : Pression : hPa Temps :
Jeudi 12 septembre St Apollinaire		Pluie : mm Cumul : mm °C mini : °C maxi : Pression : hPa Temps :
Vendredi 13 septembre St Aimé		Pluie : mm Cumul : mm °C mini : °C maxi : Pression : hPa Temps :
Samedi 14 septembre St Materne		Pluie : mm Cumul : mm °C mini : °C maxi : Pression : hPa Temps :
Dimanche 15 septembre St Roland		Pluie : mm Cumul : mm °C mini : °C maxi : Pression : hPa Temps :

« À la Sainte-Inès, travaille sans cesse. »

♈ Bélier ♉ Taureau ♊ Gémeaux ♋ Cancer ♌ Lion ♍ Vierge ♎ Balance ♏ Scorpion ♐ Sagittaire ♑ Capricorne ♒ Verseau ♓ Poissons

Date	Lune	Lever coucher	Jour	Zodiaque	Travaux au jardin
Lundi 16 septembre	▲ Lune montante	19 h 37 4 h 45		♒	C'est maintenant que vous pouvez pratiquer l'écussonnage des églantiers pour multiplier des rosiers. Les variétés greffées bénéficient des qualités de leur porte-greffe (tolérance à un type de sol particulier ou résistance à une maladie spécifique par exemple), tout en conservant leurs propres atouts esthétiques. Semez l'onagre. Il n'est pas d'un rendement considérable comme légume et est plutôt à considérer comme une plante compagne qui attire les insectes utiles au jardin.
Mardi 17 septembre	▲	19 h 55 6 h 14			
Mercredi 18 septembre	○ à 4 h 34 P à 15 h 22 NA à 21 h 50	20 h 11 7 h 42		2 h 50 ♓	**Mercredi, ne jardinez plus après 10 h 15.** **Des alliées de choix !** Les poules grattent le sol pour attraper divers petits insectes, des vers de terre… et même des grains d'herbe ou des graines en dormance. Elles désherbent une surface de manière 100 % écologique et la fertilisent de la même manière via leurs excréments très fertiles. En outre, les poules permettent aussi d'éliminer de nombreux reliefs de repas : épluchures, restes de légumes… dont elles raffolent et qu'elles ingurgitent avec un appétit stupéfiant.
Jeudi 19 septembre	▼	20 h 28 9 h 10			
Vendredi 20 septembre	▼	20 h 47 10 h 39		10 h 47 ♈	Coupez les feuilles proches des grappes de raisin afin de favoriser leur maturité. Récoltez les pommes, les poires, les prunes, les fraises et les framboises. Récoltez aussi les courgettes, les concombres et les cornichons. Prévoyez de faire des confitures et des conserves.
Samedi 21 septembre	▼	21 h 11 12 h 09			
Dimanche 22 septembre Équinoxe	▼	21 h 42 13 h 36		5 h 44 ♉	Dans les régions bénéficiant d'un climat doux, semez des navets que vous récolterez dans le courant de l'automne. Choisissez des variétés qui résistent au froid.

Ne pas oublier : pour stimuler la résistance à l'oïdium et au mildiou, pulvérisez, toutes les 2 semaines, une décoction de prêle additionnée d'ortie.

Date	Notes :	Météo :
Lundi 16 septembre Ste Edith		Pluie : mm Cumul : mm °C mini : °C maxi : Pression : hPa Temps :
Mardi 17 septembre St Renaud		Pluie : mm Cumul : mm °C mini : °C maxi : Pression : hPa Temps :
Mercredi 18 septembre Ste Nadège		Pluie : mm Cumul : mm °C mini : °C maxi : Pression : hPa Temps :
Jeudi 19 septembre Ste Émilie		Pluie : mm Cumul : mm °C mini : °C maxi : Pression : hPa Temps :
Vendredi 20 septembre St Davy		Pluie : mm Cumul : mm °C mini : °C maxi : Pression : hPa Temps :
Samedi 21 septembre St Matthieu		Pluie : mm Cumul : mm °C mini : °C maxi : Pression : hPa Temps :
Dimanche 22 septembre Automne		Pluie : mm Cumul : mm °C mini : °C maxi : Pression : hPa Temps :

« Quand vient Saint-Matthieu, à l'été on dit adieu. »

♈ Bélier ♉ Taureau ♊ Gémeaux ♋ Cancer ♌ Lion ♍ Vierge ♎ Balance ♏ Scorpion ♐ Sagittaire ♑ Capricorne ♒ Verseau ♓ Poissons

Date	Lune	Lever coucher	Jour	Zodiaque	Travaux au jardin
Lundi 23 septembre	Lune montante	22 h 23 14 h 57		♉	**Et pourquoi pas une haie fruitière ?** Une haie fruitière en permaculture ressemble à un écosystème global, avec de grands arbres fruitiers (pruniers, cerisiers, aubépines…), des arbustes à baies (framboisiers, groseilliers, cassissiers, grenadiers…) et des légumes ou fruits couvre-sol (menthes, fraises des bois, ails, betteraves précoces…). Ces trois strates fonctionnent en bonne intelligence tout au long de l'année et offrent un abri aux animaux. Plantez les jeunes arbres fruitiers en prévoyant leur taille adulte, en les espaçant suffisamment. Une haie fruitière n'est pas forcément une haie rectiligne.
Mardi 24 septembre	Premier quartier à 20 h 49 Lune montante jusqu'à 18 h 51, puis lune descendante	23 h 18 16 h 05			
Mercredi 25 septembre	Lune descendante	– 16 h 57		9 h 31 ♊	» Vous pouvez commencer la mise en place des bulbes à floraison printanière précoce (crocus, narcisses, perce-neige…). Pour les crocus et les perce-neige, plantez-en plusieurs dizaines afin d'obtenir un superbe effet naturel. » Mettez en place les bisannuelles : giroflées, campanules, myosotis, œillets de poète…, ainsi que les pensées et les pâquerettes.
Jeudi 26 septembre	Lune descendante	0 h 23 17 h 35		19 h 45 ♋	» Bouturez les arbustes à feuillage persistant : le laurier palme, le berbéris aucuba… Placez les boutures sous châssis et protégez-les avec des paillassons en hiver. Les arbustes à feuillage persistant sont une bonne solution pour délimiter le jardin et se protéger du regard parfois très indiscret des voisins.
Vendredi 27 septembre	Lune descendante	1 h 35 18 h 03			
Samedi 28 septembre	Lune descendante	2 h 48 18 h 23		10 h 05 ♌	» Il est encore temps de planter des fraisiers tous les 30 cm, avec 40 cm entre deux rangs. Vous pouvez également les planter en bordure d'allées ou de massifs, voire aussi autour de vos petits arbustes. S'ils sont à racines nues, formez une petite butte et étalez dessus le système racinaire préalablement praliné. Rebouchez sans enterrer le collet. Paillez avec des écorces ou du broyat de bois. En se décomposant, ce mulch fournira un terreau particulièrement apprécié par les fraisiers.
Dimanche 29 septembre	Lune descendante	4 h 00 18 h 39			

Ne pas oublier : désherbez les massifs fleuris avant que la terre ne soit détrempée.

Date	Notes :	Météo :
Lundi 23 septembre St Constant		Pluie : mm Cumul : mm °C mini : °C maxi : Pression : hPa Temps :
Mardi 24 septembre Ste Thècle		Pluie : mm Cumul : mm °C mini : °C maxi : Pression : hPa Temps :
Mercredi 25 septembre St Hermann		Pluie : mm Cumul : mm °C mini : °C maxi : Pression : hPa Temps :
Jeudi 26 septembre Sts Côme, Damien		Pluie : mm Cumul : mm °C mini : °C maxi : Pression : hPa Temps :
Vendredi 27 septembre St Vincent de Paul		Pluie : mm Cumul : mm °C mini : °C maxi : Pression : hPa Temps :
Samedi 28 septembre St Venceslas		Pluie : mm Cumul : mm °C mini : °C maxi : Pression : hPa Temps :
Dimanche 29 septembre St Michel		Pluie : mm Cumul : mm °C mini : °C maxi : Pression : hPa Temps :

« À la Saint-Michel, départ d'hirondelles. »

♈ Bélier ♉ Taureau ♊ Gémeaux ♋ Cancer ♌ Lion ♍ Vierge ♎ Balance ♏ Scorpion ♐ Sagittaire ♑ Capricorne ♒ Verseau ♓ Poissons

Date	Lune	Lever / coucher	Jour	Zodiaque
Lundi 30 septembre	lune descendante	5 h 10 / 18 h 53		♌
Mardi 1er octobre	lune descendante	6 h 18 / 19 h 05		11 h 28 ♍
Mercredi 2 octobre	ND à 13 h 51; à 20 h 49; A à 21 h 38; lune descendante	7 h 25 / 19 h 17		
Jeudi 3 octobre	lune descendante	8 h 31 / 19 h 29		
Vendredi 4 octobre	lune descendante	9 h 39 / 19 h 43		
Samedi 5 octobre	lune descendante	10 h 49 / 19 h 59		7 h 52 ♎
Dimanche 6 octobre	lune descendante	12 h 01 / 20 h 21		

Travaux au jardin

- Installez les petits fruits qui sont vendus en conteneurs : groseilliers, framboisiers, cassissiers… Dépotez et laissez la motte dans l'eau pendant au moins une trentaine de minutes pour qu'elle s'humidifie bien. Creusez un trou un peu plus large que la motte : cela facilitera la progression des racines. Tassez légèrement et arrosez.

- Repiquez les oignons qui ont été semés au début du mois d'août. Prenez les plus beaux et laissez les autres grossir encore un peu. Rajeunissez le feuillage et les radicelles à environ 1 cm du bulbe avant de les repiquer. Installez-les sur une planche bien exposée et surélevée afin d'éviter la pourriture due à l'humidité. Tassez le sol autour de ceux qui restent en pépinière. Tracez des lignes tous les 15 cm et placez un oignon tous les 8 cm, à 3 cm de profondeur. Ne les arrosez pas.

⚠ **Mercredi, ne jardinez pas.**

- Commencez la récolte des racines d'endives. Laissez les plants se faner sur le sol pendant une quinzaine de jours environ, en les protégeant du soleil et du gel avec des fougères, de la paille ou des feuilles. Vous enlèverez ensuite le surplus de terre à la main, sans gratter les légumes, et taillerez les racines en coupant le feuillage un petit peu au-dessus du collet. Stockez-les à l'abri de la lumière.
- Protégez les légumes qui craignent le froid. Vous avez encore un peu de temps pour les récolter et les stocker.

Repères phénologiques

Capucine, dahlia ou œillet d'Inde font partie de ces plantes dont la floraison est assurée en octobre. Des fleurs bienvenues au jardin, tandis que le temps commence à se faire plus automnal et que le feuillage des arbres rougit. Côté oiseaux, le verdier d'Europe, le pinson des arbres, le chardonneret élégant, les mésanges bleues et charbonnières sont toujours visibles.

Ne pas oublier : si vous devez planter des arbres au verger le mois prochain, prévoyez déjà leur emplacement et creusez les trous destinés à les recevoir.

Date	Notes :	Météo :
Lundi **30** septembre St Jérôme		Pluie : mm Cumul : mm °C mini : °C maxi : Pression : hPa Temps :
Mardi **1er** octobre St Thérère de l'Enf.-Jés.		Pluie : mm Cumul : mm °C mini : °C maxi : Pression : hPa Temps :
Mercredi **2** octobre St Léger		Pluie : mm Cumul : mm °C mini : °C maxi : Pression : hPa Temps :
Jeudi **3** octobre St Gérard		Pluie : mm Cumul : mm °C mini : °C maxi : Pression : hPa Temps :
Vendredi **4** octobre S^t Fr. d'Assise		Pluie : mm Cumul : mm °C mini : °C maxi : Pression : hPa Temps :
Samedi **5** octobre Ste Fleur		Pluie : mm Cumul : mm °C mini : °C maxi : Pression : hPa Temps :
Dimanche **6** octobre St Bruno		Pluie : mm Cumul : mm °C mini : °C maxi : Pression : hPa Temps :

« Si octobre s'emplit de vent, du froid tu pâtiras longtemps. »

♈ Bélier ♉ Taureau ♊ Gémeaux ♋ Cancer ♌ Lion ♍ Vierge ♎ Balance ♏ Scorpion ♐ Sagittaire ♑ Capricorne ♒ Verseau ♓ Poissons

Date	Lune	Lever coucher	Jour	Zodiaque	Travaux au jardin
Lundi 7 octobre	lune descendante	13 h 13 20 h 50		2 h 18 ♍	Au rucher les ressources s'épuisent rapidement, la ponte s'amenuise petit à petit. Quelques abeilles s'activent encore pour trouver de l'eau et de la nourriture sur les dernières fleurs. C'est le moment de protéger les abeilles du froid et de l'humidité en vérifiant l'étanchéité et la fixation du toit de la ruche, en intercalant entre le toit et la ruche un couvre-cadre isolant, en surélevant les ruches. Il faut également protéger la ruche du vent en plantant des haies sauvages autour du rucher. Ces haies vont briser le vent et créer un îlot refuge pour les abeilles.
Mardi 8 octobre	lune descendante	14 h 22 21 h 30			
Mercredi 9 octobre	lune descendante, 13 h 43	15 h 22 22 h 23		5 h 34 ♐	En lune descendante, n'oubliez pas de rentrer vos cucurbitacées (sauf dans le Midi où la météo est encore agréable). Laissez un pédoncule, nettoyez-les et placez-les dans un local bénéficiant d'une température tempérée. En lune montante, récoltez les fruits qui sont arrivés à complète maturité. Transformez le surplus pour en faire conserves, confitures ou coulis. Faites germer des noyaux de pêches, prunes et abricots pour obtenir des porte-greffes. Sous climat doux, semez des pois à grains ronds ('Plein de Panier', 'Petit Provençal') ou des mange-tout ('Corne de Bélier', 'Carouby de Maussane'). Binez après la levée, vous les buterez lorsqu'ils auront environ 15 cm de haut.
Jeudi 10 octobre	lune montante, premier quartier à 20 h 55	16 h 12 23 h 31			
Vendredi 11 octobre	lune montante	16 h 49 –		16 h 45 ♑	Tamisez l'ancien compost et utilisez-le dans vos massifs ainsi qu'au jardin potager. L'utilisation d'un compost est vraiment très facile : 20 kg de compost couvrent généralement 1,20 m de massif. Certaines plantes favorisent la bonne fermentation du compost : l'ortie (lorsqu'elle est récoltée jeune), la camomille, le pissenlit et l'achillée millefeuille. Sous abri, semez des radis et des carottes demi-longues ('Nanco', 'Boléro', 'Touchon') que vous récolterez en primeur aux mois d'avril et mai prochains.
Samedi 12 octobre	lune montante	17 h 17 0 h 50			
Dimanche 13 octobre	lune montante	17 h 39 2 h 14		16 h 16 ♒	Buttez les pieds des artichauts avant que la terre soit détrempée ou gelée.

Ne pas oublier : compostez vos résidus de récolte, enfouissez phacélie et moutarde.

Date	Notes :	Météo :
Lundi 7 octobre St Serge		Pluie : mm Cumul : mm °C mini : °C maxi : Pression : hPa Temps :
Mardi 8 octobre Ste Pélagie		Pluie : mm Cumul : mm °C mini : °C maxi : Pression : hPa Temps :
Mercredi 9 octobre St Denis		Pluie : mm Cumul : mm °C mini : °C maxi : Pression : hPa Temps :
Jeudi 10 octobre St Ghislain		Pluie : mm Cumul : mm °C mini : °C maxi : Pression : hPa Temps :
Vendredi 11 octobre St Firmin		Pluie : mm Cumul : mm °C mini : °C maxi : Pression : hPa Temps :
Samedi 12 octobre St Wilfried		Pluie : mm Cumul : mm °C mini : °C maxi : Pression : hPa Temps :
Dimanche 13 octobre St Géraud		Pluie : mm Cumul : mm °C mini : °C maxi : Pression : hPa Temps :

« Il fait beau à la Saint-Denis, l'hiver sera bientôt fini. »

♈ Bélier ♉ Taureau ♊ Gémeaux ♋ Cancer ♌ Lion ♍ Vierge ♎ Balance ♏ Scorpion ♐ Sagittaire ♑ Capricorne ♒ Verseau ♓ Poissons

Date	Lune	Lever coucher	Jour	Zodiaque
Lundi 14 octobre	▲ lune montante	17 h 57 / 3 h 40	Fleur	♒
Mardi 15 octobre	▲ lune montante	18 h 14 / 5 h 07	Feuille	13 h 54 ♓
Mercredi 16 octobre	▲ NA à 9 h 05	18 h 30 / 6 h 34	Feuille	♓
Jeudi 17 octobre	▲ P à 2 h 50 ; ○ à 13 h 26	18 h 48 / 8 h 03	Fruit	21 h 44 ♈
Vendredi 18 octobre	▼	19 h 10 / 9 h 34	Fruit	♈
Samedi 19 octobre	▼	19 h 38 / 11 h 05	Racine	15 h 34 ♉
Dimanche 20 octobre	▼	20 h 16 / 12 h 32	Racine	♉

Travaux au jardin

- Buttez les pieds des artichauts avant que la terre soit détrempée ou gelée : rassemblez le feuillage raccourci, sans serrer, puis apportez du compost ou du terreau avant de butter sur 20 cm.
- Dans les régions privilégiées et sous abri, essayez un semis de choux-fleurs, avec des variétés résistantes ('Everest', 'Erfurt'). Vous repiquerez en mars et récolterez deux mois plus tard.

- Semez à la volée de l'engrais vert sur les différentes parcelles qui seront inutilisées durant l'hiver.

⚠ **Mercredi, ne jardinez pas avant 14 h 10.**

- Variez les engrais verts pour bénéficier de plusieurs avantages simultanés. Les graminées développent des racines vigoureuses et sont très efficaces pour fendiller un sol argileux et compact. Le seigle cultivé en association à la vesce lui sert de tuteur et ameublit le sol. La phacélie fait de jolies fleurs mauves visitées par les abeilles et décompacte bien les sols lourds.

⚠ **Jeudi, ne jardinez pas avant 8 h.**

Comment faire un bon compost ?

Il faut veiller à intégrer les bons ingrédients au compost. N'hésitez pas à y inclure des restes d'arbustes, des brindilles, des coques de noix, des écorces, mais également des déchets du potager, du foin, de la paille, du fumier, des mauvaises herbes, de la mousse, de la fougère. Pour les déchets alimentaires, n'hésitez pas à y inclure des épluchures, des filtres à café, thé et infusion, des fruits pourris, du pain rassis, des restes de repas…

- Vérifiez attentivement les pommes de terre. Si cela s'avère nécessaire, dégermez-les.
- Contrôlez tous les légumes qui ont été stockés en silo.
- Sous un tunnel ou un châssis, faites un semis de carottes courtes de type grelot 'Mignon' ou 'Parmex'.

Ne pas oublier : récoltez des fougères dans la nature. Elles font une excellente protection contre le gel et les limaces les détestent.

Date	Notes :	Météo :
Lundi 14 octobre St Juste		Pluie : ... mm Cumul : ... mm °C mini : ... °C maxi : ... Pression : ... hPa Temps : ...
Mardi 15 octobre Ste Thérèse d'Avila		Pluie : ... mm Cumul : ... mm °C mini : ... °C maxi : ... Pression : ... hPa Temps : ...
Mercredi 16 octobre Ste Edwige		Pluie : ... mm Cumul : ... mm °C mini : ... °C maxi : ... Pression : ... hPa Temps : ...
Jeudi 17 octobre St Baudouin		Pluie : ... mm Cumul : ... mm °C mini : ... °C maxi : ... Pression : ... hPa Temps : ...
Vendredi 18 octobre St Luc		Pluie : ... mm Cumul : ... mm °C mini : ... °C maxi : ... Pression : ... hPa Temps : ...
Samedi 19 octobre St René		Pluie : ... mm Cumul : ... mm °C mini : ... °C maxi : ... Pression : ... hPa Temps : ...
Dimanche 20 octobre Ste Adeline		Pluie : ... mm Cumul : ... mm °C mini : ... °C maxi : ... Pression : ... hPa Temps : ...

« Octobre emmitouflé annonce décembre ensoleillé. »

♈ Bélier ♉ Taureau ♊ Gémeaux ♋ Cancer ♌ Lion ♍ Vierge ♎ Balance ♏ Scorpion ♐ Sagittaire ♑ Capricorne ♒ Verseau ♓ Poissons

Date	Lune	Lever coucher	Jour	Zodiaque	Travaux au jardin
Lundi 21 octobre	l. mont.	21 h 06 13 h 49		♉	Pour faciliter la germination du cerfeuil tubéreux à semer au mois de mars prochain, stratifiez les graines. Mélangez-les avec du sable humide et placez le tout dans un pot de fleurs enterré au pied d'un mur orienté au nord. Protégez l'ensemble des rongeurs. Grâce à la stratification, les graines auront déjà été confrontées au froid et à l'humidité, conditions nécessaires à une bonne germination. Les graines seront semées avec le sable aux premiers beaux jours de la fin de l'hiver.
Mardi 22 octobre	2 h 43 lune descendante	22 h 10 14 h 50		17 h 01 ♊	**Astuce !** Lorsque le sol est gelé, l'arrachage est impossible. Pour éviter ce problème, étalez une couche de paille ou de feuilles mortes d'environ 10 cm d'épaisseur avant les fortes gelées. Le paillage empêche également la prolifération des mauvaises herbes. Les végétaux employés en paillis contribuent aussi à fertiliser naturellement le sol.
Mercredi 23 octobre	lune descendante	23 h 22 15 h 35		♊	
Jeudi 24 octobre	◐ à 10 h 03	– 16 h 06		2 h 29 ♋	Forcez les endives en reprenant les endives arrachées précédemment. Coupez les feuilles à 3 cm de leur base et les racines à 20 cm. Mettez du terreau au fond d'une caisse, plantez-y les racines préparées, comblez les vides avec de la terre et arrosez. Selon les variétés, couvrez de terre ou de paille ainsi que d'un plastique noir.
Vendredi 25 octobre	lune descendante	0 h 36 16 h 29		16 h 20 ♌	Vous pouvez commencer la plantation des fruitiers dès maintenant pour une reprise optimale. Préparez les trous de plantation : à la terre extraite, mélangez du terreau ou du compost. Ameublissez le fond à la fourche bêche. Incorporez éventuellement de la corne broyée. Les trous de plantation doivent avoir une cinquantaine de centimètres aussi bien en largeur qu'en profondeur. Vous pouvez d'ores et déjà installer les tuteurs.
Samedi 26 octobre	lune descendante	1 h 50 16 h 47		♌	Ramassez les fruits momifiés et les feuilles mortes, puis brûlez-les. Si le temps est doux et sec, traitez les fruitiers contre la moniliose avec de la bouillie bordelaise : un fongicide classique qui ne traite que ce qu'il couvre, sans aucune action rayonnante.
Dimanche 27 octobre	lune descendante	2 h 00 16 h 01		♌	

Ne pas oublier : protégez les robinets extérieurs contre le gel.

Date	Notes :	Météo :
Lundi 23 octobre Ste Céline		Pluie : mm Cumul : mm °C mini : °C maxi : Pression : hPa Temps :
Mardi 24 octobre Ste Élodie		Pluie : mm Cumul : mm °C mini : °C maxi : Pression : hPa Temps :
Mercredi 25 octobre St J. de Capistran		Pluie : mm Cumul : mm °C mini : °C maxi : Pression : hPa Temps :
Jeudi 26 octobre St Florentin		Pluie : mm Cumul : mm °C mini : °C maxi : Pression : hPa Temps :
Vendredi 27 octobre St Crépin		Pluie : mm Cumul : mm °C mini : °C maxi : Pression : hPa Temps :
Samedi 28 octobre St Dimitri		Pluie : mm Cumul : mm °C mini : °C maxi : Pression : hPa Temps :
Dimanche 29 octobre Ste Émeline		Pluie : mm Cumul : mm °C mini : °C maxi : Pression : hPa Temps :

« Souvent à la Saint-Florentin, l'hiver laisse son chemin. »

♈ Bélier ♉ Taureau ♊ Gémeaux ♋ Cancer ♌ Lion ♍ Vierge ♎ Balance ♏ Scorpion ♐ Sagittaire ♑ Capricorne ♒ Verseau ♓ Poissons

Date	Lune	Lever coucher	Jour	Zodiaque
Lundi 28 octobre	▼	3 h 08 / 16 h 13	 	♌ 16 h 38 ♍
Mardi 29 octobre	ND à 18 h 43 / A à 23 h 50	4 h 15 / 16 h 25		
Mercredi 30 octobre	▼	5 h 22 / 16 h 37		
Jeudi 31 octobre	▼	6 h 29 / 16 h 51		
Vendredi 1er novembre	▼ ● à 13 h 47	7 h 39 / 17 h 06		12 h 52 ♎
Samedi 2 novembre	▲	8 h 50 / 17 h 26		
Dimanche 3 novembre	▲	10 h 03 / 17 h 53		7 h 01 ♏

lune descendante

Travaux au jardin

- Ouvrez les trous de plantation des arbres fruitiers à installer en novembre ou décembre.

- Dans les régions qui bénéficient d'un climat doux, vous pouvez planter l'ail blanc ou violet. En sol à tendance humide, ces plantations demandent une planche surélevée.

⚠ **Mardi, ne jardinez plus après 13 h 40.**

- Installez l'échalote grise qui préfère les terrains légers et sablonneux. Si votre sol est lourd, incorporez au moment du labour une généreuse quantité de sable. N'arrosez pas la culture car vous risqueriez de faire pourrir le bulbe. Cultivée pour son goût prononcé, l'échalote grise se plante obligatoirement en automne. Une fois récoltée, elle ne se conserve pas au-delà du mois de décembre.
- Arrachez les endives 'Witloof' à l'aide d'une fourche-bêche, en veillant à ne pas abîmer les racines. Laissez-les faner quelques jours sur le sol afin de provoquer l'arrêt de la végétation en les protégeant du gel et du soleil avec des feuilles mortes ou des fougères. Enlevez ensuite la terre à la main, taillez les petites racines en coupant le feuillage un peu au-dessus du collet.
- Récoltez les légumes qui craignent le froid et mettez-les en silos. Protégez les autres.

- Vous pouvez encore diviser vos touffes de fleurs vivaces et planter des bulbes. Bulbe par excellence : la tulipe ! N'hésitez pas à choisir diverses variétés selon leur taille, leur couleur et leur période de floraison.
- Plantez les pensées, pâquerettes et violas semées mi-août.
- Terminez les plantations des vivaces et des arbustes à fleurs achetés en conteneurs.

Repères phénologiques
La phase d'hibernation de nombreux animaux démarre : hérisson, blaireau, loir, marmotte, chauve-souris, grenouille, crapaud, escargot, coccinelle…

Ne pas oublier : compostez vos résidus de récolte, enfouissez phacélie et moutarde.

Date	Notes :	Météo :
Lundi 28 octobre Sts Simon, Jude		Pluie : mm Cumul : mm °C mini : °C maxi : Pression : hPa Temps :
Mardi 29 octobre St Narcisse		Pluie : mm Cumul : mm °C mini : °C maxi : Pression : hPa Temps :
Mercredi 30 octobre St Bienvenu		Pluie : mm Cumul : mm °C mini : °C maxi : Pression : hPa Temps :
Jeudi 31 octobre St Quentin		Pluie : mm Cumul : mm °C mini : °C maxi : Pression : hPa Temps :
Vendredi 1er novembre Toussaint		Pluie : mm Cumul : mm °C mini : °C maxi : Pression : hPa Temps :
Samedi 2 novembre Défunts		Pluie : mm Cumul : mm °C mini : °C maxi : Pression : hPa Temps :
Dimanche 3 novembre St Hubert		Pluie : mm Cumul : mm °C mini : °C maxi : Pression : hPa Temps :

« À la Toussaint, commence l'été de la Saint-Martin. »

♈ Bélier ♉ Taureau ♊ Gémeaux ♋ Cancer ♌ Lion ♍ Vierge ♎ Balance ♏ Scorpion ♐ Sagittaire ♑ Capricorne ♒ Verseau ♓ Poissons

Date	Lune	Lever / coucher	Jour	Zodiaque	Travaux au jardin
Lundi 4 novembre	Lune descendante	11 h 13 / 18 h 29		♏	Ramassez les résidus de récolte et rassemblez les matériaux organiques (du fumier animal, entre autres) pour ériger votre tas de compost. Vous y introduirez les préparations biodynamiques.
Mardi 5 novembre	L. descendante jusqu'à 18 h 09, puis lune montante	12 h 17 / 19 h 18		10 h 11 ♐	Les abeilles ne font plus que de rares apparitions hors de la ruche, essentiellement les beaux jours pour effectuer un vol de propreté. Dans la ruche, elles se serrent en grappe pour se tenir chaud. C'est le bon moment pour entretenir les cadres de ruche en les nettoyant. Les cadres infectés par la teigne doivent être minutieusement raclés puis désinfectés à l'aide d'un chalumeau. Cette période, plus creuse, est aussi favorable à la construction de nouveaux cadres. Il faut penser à rénover les ruches en réparant les angles brisés, et en appliquant une couche d'huile protectrice sur le bois ou une couche de peinture spéciale ruche. Vous pouvez protéger la colonie en installant à l'entrée de la ruche une porte qui empêche les prédateurs de s'introduire.
Mercredi 6 novembre	Lune montante	13 h 09 / 20 h 21			
Jeudi 7 novembre	Lune montante	13 h 49 / 21 h 35		22 h 12 ♑	Travaillez le sol de votre jardin potager en incorporant la fumure de fond. Incorporez aussi des amendements : du sable dans les sols très lourds, du calcaire dans les sols acides, de la tourbe dans les sols calcaires. Ameublissez en laissant le paillis en place jusqu'au printemps. Contre un mur bien exposé, installez une généreuse couche de compost inclinée afin de profiter au maximum du soleil. Recouvrez d'une vitre. Contrôlez tous les légumes stockés en silo.
Vendredi 8 novembre	Lune montante	14 h 19 / 22 h 56			
Samedi 9 novembre	Lune montante; premier quartier à 6 h 55	14 h 43 / –		23 h 13 ♒	Semez du bleuet, du coquelicot et même de l'aneth dans les bandes florales du potager pour protéger les plantations de choux des ravageurs.
Dimanche 10 novembre	Lune montante	15 h 01 / 0 h 18			

Ne pas oublier : brossez mousses et lichens sur le tronc et les branches charpentières, avant de badigeonner.

Date	Notes :	Météo :
Lundi 4 novembre St Charles		Pluie : mm Cumul : mm °C mini : °C maxi : Pression : hPa Temps :
Mardi 5 novembre Ste Sylvie		Pluie : mm Cumul : mm °C mini : °C maxi : Pression : hPa Temps :
Mercredi 6 novembre Ste Bertille		Pluie : mm Cumul : mm °C mini : °C maxi : Pression : hPa Temps :
Jeudi 7 novembre Ste Carine		Pluie : mm Cumul : mm °C mini : °C maxi : Pression : hPa Temps :
Vendredi 8 novembre St Geoffroy		Pluie : mm Cumul : mm °C mini : °C maxi : Pression : hPa Temps :
Samedi 9 novembre St Théodore		Pluie : mm Cumul : mm °C mini : °C maxi : Pression : hPa Temps :
Dimanche 10 novembre St Léon		Pluie : mm Cumul : mm °C mini : °C maxi : Pression : hPa Temps :

« Temps couvert à la Saint-Geoffroy, amène trois jours de froid. »

♈ Bélier ♉ Taureau ♊ Gémeaux ♋ Cancer ♌ Lion ♍ Vierge ♎ Balance ♏ Scorpion ♐ Sagittaire ♑ Capricorne ♒ Verseau ♓ Poissons

Date	Lune	Lever / coucher	Jour	Zodiaque
Lundi 11 novembre	▲ (lune montante)	15 h 18 / 1 h 41		♒ (jusqu'à 22 h 10)
Mardi 12 novembre	▲ NA à 16 h 58	15 h 33 / 3 h 04		♓ (dès 22 h 10)
Mercredi 13 novembre	▲	15 h 50 / 4 h 29		
Jeudi 14 novembre	▲ P à 12 h 15	16 h 09 / 5 h 57		♈ (dès 7 h 44)
Vendredi 15 novembre	▲ ○ à 22 h 28	16 h 34 / 7 h 27		
Samedi 16 novembre	▼	17 h 07 / 8 h 58		♉ (dès 1 h 43)
Dimanche 17 novembre	▼	17 h 52 / 10 h 22		

Travaux au jardin

Bon à savoir !
L'aneth appartient aux aromatiques efficaces contre différents insectes tels que les pucerons, les punaises et les acariens, ainsi que la piéride de la rave et le sphinx de la tomate.

⚠ Mardi, ne jardinez plus après 11 h 45.

L'apiculture naturelle
Dans une démarche d'apiculture naturelle, le bien-être de l'abeille est au centre des préoccupations de l'apiculteur. Certaines ruches sont plus propices à cette pratique : la ruche horizontale est parfaite pour une utilisation familiale et de loisir. Elle se distingue par sa simplicité et son accessibilité. Les abeilles œuvrent en toute liberté et à leur rythme. L'apiculteur laisse ses abeilles se nourrir avec leur miel. Celles-ci en stockent toujours plus que nécessaire, il en restera donc quelques kilos pour l'apiculteur...

⚠ Jeudi, ne jardinez pas entre 7 h 15 et 17 h 15.

- Semez à la volée de l'engrais vert sur les parcelles inutilisées au cours de l'hiver prochain. Vous pouvez utiliser un mélange d'épinard et de moutarde, ou un mélange de seigle et de vesce. Tassez afin d'enterrer légèrement les graines. Vous couperez et enfouirez au printemps prochain.
- Si vous ne l'avez pas encore fait, c'est le moment de récolter nèfles et kakis après les premières gelées.

- Déplantez les arbres que vous désirez déplacer. Mettez-les en jauge pour les replanter le mois prochain.
- Prélevez les drageons sur les chrysanthèmes. Replantez-les dans un pot : ils donneront une nouvelle plante.
- Contrôlez les légumes que vous conservez dans des silos : les pommes de terre, les carottes, les betteraves, les navets, les panais. Éliminez impitoyablement ceux qui pourrissent avant qu'ils contaminent les autres.

Ne pas oublier : nettoyez et remettez en état les nichoirs à oiseaux.

Date	Notes :	Météo :
Lundi 11 novembre Armistice 1918		Pluie : mm Cumul : mm °C mini : °C maxi : Pression : hPa Temps :
Mardi 12 novembre St Christian		Pluie : mm Cumul : mm °C mini : °C maxi : Pression : hPa Temps :
Mercredi 13 novembre St Brice		Pluie : mm Cumul : mm °C mini : °C maxi : Pression : hPa Temps :
Jeudi 14 novembre St Sidoine		Pluie : mm Cumul : mm °C mini : °C maxi : Pression : hPa Temps :
Vendredi 15 novembre St Albert		Pluie : mm Cumul : mm °C mini : °C maxi : Pression : hPa Temps :
Samedi 16 novembre Ste Marguerite		Pluie : mm Cumul : mm °C mini : °C maxi : Pression : hPa Temps :
Dimanche 17 novembre Ste Élisabeth		Pluie : mm Cumul : mm °C mini : °C maxi : Pression : hPa Temps :

« À la mi-novembre passée, il peut venter et neiger à souhait. »

♈ Bélier ♉ Taureau ♊ Gémeaux ♋ Cancer ♌ Lion ♍ Vierge ♎ Balance ♏ Scorpion ♐ Sagittaire ♑ Capricorne ♒ Verseau ♓ Poissons

Date	Lune	Lever coucher	Jour	Zodiaque	Travaux au jardin
Lundi 18 novembre	l. m. 11 h 19	18 h 51 11 h 34		♉	À l'abri, sous tunnel ou sous châssis, semez des carottes courtes ainsi que des radis de tous les mois. Semez le chervis (un légume-racine oublié, à chair blanche, ferme et légèrement sucrée) en rangs distants de 30 à 40 cm.
Mardi 19 novembre	lune descendante	20 h 02 12 h 27		1 h 35 ♊	Protégez vos artichauts. Plante de climat tempéré, l'artichaut demande une protection hivernale lorsque la température descend régulièrement à moins de - 5 °C. Buttez et paillez-les pour avoir des pieds sains au printemps.
Mercredi 20 novembre	lune descendante	21 h 18 13 h 05		10 h 08 ♋	**Bon à savoir ! Un auxiliaire indispensable !** Le hérisson : espèce protégée dans toute la Communauté européenne depuis 2007 seulement, il ne se contente pas d'être un petit animal hyper-sympa. C'est aussi un redoutable prédateur : insectes et limaces n'ont qu'à bien se tenir ! Son abri préféré ? Une haie épaisse. Ou un amoncellement de branchages.
Jeudi 21 novembre	lune descendante	22 h 34 13 h 32			
Vendredi 22 novembre	lune descendante	23 h 47 13 h 52		23 h 07 ♌	Sauf en cas de gel, vous pouvez continuer à planter des fruitiers à racines nues ou vendus en conteneurs. Enrichissez la terre avec de la corne broyée et du compost. Veillez à ne pas enterrer le point de greffe : surélevez-le un peu par rapport au niveau du sol car la terre va se tasser dans les mois à venir. Arrosez à raison d'un ou deux arrosoirs d'eau par arbre. Les racines des plants à racines nues seront de préférence pralinées avec de la terre argileuse. Installez un tuteur dès la plantation sans l'enfoncer trop près du tronc. Vous pouvez planter des arbres jusqu'en mars, mais le faire maintenant leur permet de s'enraciner en hiver et, donc, de mieux résister à la sécheresse de l'été suivant.
Samedi 23 novembre	◐ à 2 h 27	– 14 h 07			
Dimanche 24 novembre	lune descendante	0 h 57 14 h 20		23 h 38	

Ne pas oublier : nettoyez et remettez en état les nichoirs prévus pour les oiseaux.

Date	Notes :	Météo :
Lundi 18 novembre Ste Aude		Pluie : mm Cumul : mm °C mini : °C maxi : Pression : hPa Temps :
Mardi 19 novembre St Tanguy		Pluie : mm Cumul : mm °C mini : °C maxi : Pression : hPa Temps :
Mercredi 20 novembre St Edmond		Pluie : mm Cumul : mm °C mini : °C maxi : Pression : hPa Temps :
Jeudi 21 novembre Présentation de Marie		Pluie : mm Cumul : mm °C mini : °C maxi : Pression : hPa Temps :
Vendredi 22 novembre Ste Cécile		Pluie : mm Cumul : mm °C mini : °C maxi : Pression : hPa Temps :
Samedi 23 novembre St Clément		Pluie : mm Cumul : mm °C mini : °C maxi : Pression : hPa Temps :
Dimanche 24 novembre Ste Flora		Pluie : mm Cumul : mm °C mini : °C maxi : Pression : hPa Temps :

« Saint Clément montre rarement visage avenant. »

♈ Bélier ♉ Taureau ♊ Gémeaux ♋ Cancer ♌ Lion ♍ Vierge ♎ Balance ♏ Scorpion ♐ Sagittaire ♑ Capricorne ♒ Verseau ♓ Poissons

Date	Lune	Lever / coucher	Jour	Zodiaque
Lundi 25 novembre	ND à 22 h 32 — lune descendante	2 h 04 / 14 h 32		♍
Mardi 26 novembre	A à 12 h 55 — lune descendante	3 h 10 / 14 h 44		
Mercredi 27 novembre	lune descendante	4 h 17 / 14 h 57		
Jeudi 28 novembre	lune descendante	5 h 26 / 15 h 12		19 h 44 ♎
Vendredi 29 novembre	lune descendante	6 h 37 / 15 h 31		
Samedi 30 novembre	lune descendante	7 h 50 / 15 h 55		13 h 33 ♏
Dimanche 1er décembre	à 7 h 21 — lune descendante	9 h 02 / 16 h 29		

Travaux au jardin

⚠ Lundi, ne jardinez plus après 17 h 30.

⚠ Mardi, ne jardinez pas entre 7 h 55 et 17 h 55.

Technique culturale. Chauler les troncs

Le chaulage, souvent appelé lait de chaux ou blanc arboricole, est un produit utilisé pour protéger les troncs d'arbres contre les conditions climatiques changeantes. Les températures sont extrêmement fluctuantes à la fin de l'automne, en hiver et même au début du printemps, avec des différences importantes entre le jour et la nuit. Les troncs d'arbres se réchauffent au soleil pendant la journée et, lorsqu'ils sont exposés à des températures froides la nuit, ils ont parfois tendance à se briser. Le badigeon de chaux protège les troncs d'arbres : les rayons du soleil ne sont pas complètement absorbés, mais la plupart sont réfléchis. Par conséquent, le tronc se réchauffe moins et le risque de dommages pendant la nuit est beaucoup plus faible.

- Rempotez les amaryllis qui ne vont pas tarder à redémarrer. Placez-les dans la maison en situation très lumineuse, mais pas trop chaude.
- Plantez des chrysanthèmes à fleurs simples, des hémérocalles et des pivoines.
- Déterrez et jetez les annuelles.
- Buttez les jeunes rosiers au-dessus du point de greffe.
- Bouturez vos arbustes à petits fruits ou plantez de nouvelles variétés.

- Plantez une vigne vierge devant un mur. Les couleurs de la vigne vierge ne sont pas son seul atout. Elle a aussi une remarquable capacité d'adaptation. Une fois installée, elle grimpe et prend de l'ampleur. En plus, elle est peu exigeante : seule une taille limitant son expansion est impérative.

Ne pas oublier : nettoyez le jardin de tout ce qui est mort, sec ou abîmé.

Date	Notes :	Météo :
Lundi 25 novembre Ste Catherine		Pluie : mm Cumul : mm °C mini : °C maxi : Pression : hPa Temps :
Mardi 26 novembre Ste Delphine		Pluie : mm Cumul : mm °C mini : °C maxi : Pression : hPa Temps :
Mercredi 27 novembre St Séverin		Pluie : mm Cumul : mm °C mini : °C maxi : Pression : hPa Temps :
Jeudi 28 novembre St Jacques de la Marche		Pluie : mm Cumul : mm °C mini : °C maxi : Pression : hPa Temps :
Vendredi 29 novembre St Saturnin		Pluie : mm Cumul : mm °C mini : °C maxi : Pression : hPa Temps :
Samedi 30 novembre St André		Pluie : mm Cumul : mm °C mini : °C maxi : Pression : hPa Temps :
Dimanche 1er décembre Ste Florence		Pluie : mm Cumul : mm °C mini : °C maxi : Pression : hPa Temps :

« À la Saint Saturnin, l'hiver est pour demain. »

♈ Bélier ♉ Taureau ♊ Gémeaux ♋ Cancer ♌ Lion ♍ Vierge ♎ Balance ♏ Scorpion ♐ Sagittaire ♑ Capricorne ♒ Verseau ♓ Poissons

Date	Lune	Lever coucher	Jour	Zodiaque
Lundi 2 décembre	l. desc. 23 h 23	10 h 09 / 17 h 15		♏ 16 h 07 ♐
Mardi 3 décembre	lune montante	11 h 05 / 18 h 14		
Mercredi 4 décembre	lune montante	11 h 50 / 19 h 26		
Jeudi 5 décembre	lune montante	12 h 22 / 20 h 45		3 h 40 ♑
Vendredi 6 décembre	lune montante	12 h 47 / 22 h 06		
Samedi 7 décembre	lune montante	13 h 07 / 23 h 27		5 h 05 ♒
Dimanche 8 décembre	à 16 h 26	13 h 23 / –		

Travaux au jardin

- Au fur et à mesure des besoins, blanchissez les cardons, les céleris à côtes, les chicorées frisées et les scaroles.

- En lune descendante, plantez des fruitiers en n'enterrant pas le point de greffe. Arrosez généreusement, installez un tuteur dès la plantation sans l'enfoncer trop près du tronc.
- En lune montante, stratifiez les pépins de pommes et de poires en les plaçant dans un pot rempli de sable. Enterrez au pied d'un mur exposé au nord. Vous obtiendrez ainsi des porte-greffes.
- Sous climat doux, semez des fèves ('de Séville à longue cosse', 'd'Aguadulce à très longue cosse') ainsi que des petits pois ronds ('Douce Provence', 'Plein le Panier', 'Petit Provençal', 'Cador').
- Récoltez les kakis et les nèfles après les premières gelées. Placez-les sur un lit de feuilles sèches afin de les conserver pendant quelques semaines.

- Déplantez les arbres que vous désirez déplacer. Mettez-les en jauge pour les replanter le mois prochain.
- Prélevez les drageons sur les chrysanthèmes. Ces éclats de souche replantés dans un pot donneront un nouveau chrysanthème.
- Semez des radis ronds ('Gaudry 2', 'Gaudo') et des carottes courtes de type grelot ('Mignon', 'Parmex'). Semez sous châssis. Vous éclaircirez quelques jours après la levée en ne conservant qu'un seul plant tous les 5 cm. Aérez le châssis par temps doux. Protégez des limaces.

Repères phénologiques
C'est la meilleure saison pour observer les canards et autres oiseaux d'eau : colverts, morillons, milouins, et grèbes ont quitté les plans d'eau gelés du nord de l'Europe pour passer l'hiver dans notre relative douceur. Les pies se rapprochent de leurs nids du printemps dernier et commencent à les consolider en y apportant de nouvelles branchettes. Les mésanges charbonnières repèrent et visitent les cavités disponibles pour les nids à venir.

Ne pas oublier : nettoyez soigneusement le matériel de jardinage. Videz les réservoirs des outils à moteur et débranchez les batteries.

Date	Notes :	Météo :
Lundi 2 décembre Ste Viviane		Pluie : mm Cumul : mm °C mini : °C maxi : Pression : hPa Temps :
Mardi 3 décembre St Fr.-Xavier		Pluie : mm Cumul : mm °C mini : °C maxi : Pression : hPa Temps :
Mercredi 4 décembre Ste Barbara		Pluie : mm Cumul : mm °C mini : °C maxi : Pression : hPa Temps :
Jeudi 5 décembre St Gérald		Pluie : mm Cumul : mm °C mini : °C maxi : Pression : hPa Temps :
Vendredi 6 décembre St Nicolas		Pluie : mm Cumul : mm °C mini : °C maxi : Pression : hPa Temps :
Samedi 7 décembre St Ambroise		Pluie : mm Cumul : mm °C mini : °C maxi : Pression : hPa Temps :
Dimanche 8 décembre Immaculée Conception		Pluie : mm Cumul : mm °C mini : °C maxi : Pression : hPa Temps :

« À la Saint-Nicolas, l'hiver est souvent las. »

♈ Bélier ♉ Taureau ♊ Gémeaux ♋ Cancer ♌ Lion ♍ Vierge ♎ Balance ♏ Scorpion ♐ Sagittaire ♑ Capricorne ♒ Verseau ♓ Poissons

Date	Lune	Lever / coucher	Jour	Zodiaque
Lundi 9 décembre	NA à 20 h 36	13 h 38 / 0 h 48		4 h 19 ♓
Mardi 10 décembre		13 h 54 / 2 h 09		
Mercredi 11 décembre		14 h 11 / 3 h 32		16 h 45 ♈
Jeudi 12 décembre	P à 14 h 20	14 h 33 / 4 h 58		
Vendredi 13 décembre		15 h 00 / 6 h 26		11 h 50 ♉
Samedi 14 décembre		15 h 39 / 7 h 53		
Dimanche 15 décembre	○ à 10 h 01	16 h 31 / 9 h 10		

lune montante — 21 h 07 — l.d.

Travaux au jardin

⚠ Lundi, ne jardinez plus après 15 h 30.

» Enfouissez l'engrais vert (phacélie, moutarde). Broyez-le s'il n'a pas été suffisamment blanchi par le gel.

Pourquoi des engrais verts ?

Car ils protègent le sol des mauvaises herbes et l'enrichissent en azote et humus. Semés au potager dès que la terre est nue, ils empêchent les mauvaises herbes de s'installer, évitent aux pluies de lessiver le sol et, pour les jardins en pente, luttent contre les glissements de terrain. Leurs racines retiennent la terre et aèrent le sol. Une fois enfouis, ils apportent des éléments nutritifs pour l'enrichir.

» Stratifiez les pépins de pommes et de poires en les plaçant dans un pot rempli de sable. Enterrez au pied d'un mur exposé au nord. Vous obtiendrez ainsi des porte-greffes.

⚠ Jeudi, ne jardinez pas entre 9 h 15 et 19 h 30.

» Récoltez les kakis et les nèfles après les premières gelées. Placez-les sur un lit de feuilles sèches afin de les conserver pendant quelques semaines.

» Dégermez les pommes de terre. Profitez-en pour vérifier attentivement l'état de tous vos légumes mis en silos. Éliminez impitoyablement tous ceux qui sont abîmés et n'hésitez pas à renforcer les protections si cela s'avère nécessaire.

» Arrachez les légumes qui peuvent rester au jardin au fur et à mesure de vos besoins : les carottes, les panais, les rutabagas…

» Semez, sous châssis, des radis ronds ('Gaudry 2', 'Gaudo') et des carottes courtes de type grelot ('Mignon', 'Parmex'). Vous éclaircirez quelques jours après la levée, en ne conservant qu'un seul plant tous les 5 cm. Aérez le châssis par temps doux. Protégez des limaces. Couvrez le châssis par temps froid.

Ne pas oublier : profitez de l'hiver pour construire un hôtel à insectes.

Date	Notes :	Météo :
Lundi **9** **décembre** St Pierre Fourier		Pluie : ... mm Cumul : ... mm °C mini : ... °C maxi : ... Pression : ... hPa Temps : ...
Mardi **10** **décembre** St Romaric		Pluie : ... mm Cumul : ... mm °C mini : ... °C maxi : ... Pression : ... hPa Temps : ...
Mercredi **11** **décembre** St Daniel		Pluie : ... mm Cumul : ... mm °C mini : ... °C maxi : ... Pression : ... hPa Temps : ...
Jeudi **12** **décembre** Ste Jeanne-Fr. de Chantal		Pluie : ... mm Cumul : ... mm °C mini : ... °C maxi : ... Pression : ... hPa Temps : ...
Vendredi **13** **décembre** Ste Lucie		Pluie : ... mm Cumul : ... mm °C mini : ... °C maxi : ... Pression : ... hPa Temps : ...
Samedi **14** **décembre** Ste Odile		Pluie : ... mm Cumul : ... mm °C mini : ... °C maxi : ... Pression : ... hPa Temps : ...
Dimanche **15** **décembre** Ste Ninon		Pluie : ... mm Cumul : ... mm °C mini : ... °C maxi : ... Pression : ... hPa Temps : ...

« Si décembre est sous la neige, la récolte se protège. »

♈ Bélier ♉ Taureau ♊ Gémeaux ♋ Cancer ♌ Lion ♍ Vierge ♎ Balance ♏ Scorpion ♐ Sagittaire ♑ Capricorne ♒ Verseau ♓ Poissons

Date	Lune	Lever coucher	Jour	Zodiaque	Travaux au jardin
Lundi 16 décembre	lune descendante	17 h 38 10 h 13		♉ 12 h 00 ♊	Vérifiez une nouvelle fois l'état de vos légumes stockés en silo. Sauf en cas de gel, taillez les clématites à floraison estivale : coupez une tige sur deux, à 30 ou 40 cm du sol.
Mardi 17 décembre	lune descendante	18 h 54 10 h 58		20 h 06 ♋	Toujours hors période de gel, plantez des arbustes à fleurs ainsi que des rosiers à racines nues. Vous pralinerez les racines au moment de la plantation pour assurer une meilleure reprise.
Mercredi 18 décembre	lune descendante	20 h 12 11 h 31			Taillez les noisetiers et conservez les plus belles branches qui serviront de tuteurs ou de rames. Le noisetier se développe dans toutes les régions, à une altitude inférieure à 1 500 m. Il se plaît aussi dans tous les types de sols, y compris les sols calcaires. Enfin, il se contente de presque n'importe quelle exposition, avec une préférence pour une situation ensoleillée ou à mi-ombre.
Jeudi 19 décembre	lune descendante	21 h 28 11 h 54		8 h 23 ♌	Taillez les fruitiers de plein vent. Coupez les gourmands. Aérez la ramure en ôtant les branches âgées moins productives. Brossez les troncs pour les débarrasser des mousses et lichens. Apportez du compost ainsi qu'un engrais à décomposition lente à l'aplomb des ramures, en ouvrant des trous à la barre à mine.
Vendredi 20 décembre	lune descendante	22 h 41 12 h 11			Plantez des fruitiers en arrosant généreusement, même s'il pleut. Prévoyez une plantation un peu surélevée pour anticiper le tassement inévitable de la terre au fil des mois. Le point de greffe ne doit jamais être enterré car cela entraînerait le développement de gourmands du porte-greffe, qui accapareraient la sève. Les racines des plants à racines nues seront pralinées avec de la terre argileuse qui servira aussi à protéger le jeune tronc.
Samedi 21 décembre Solstice d'hiver	lune descendante	23 h 50 12 h 26			
Dimanche 22 décembre	lune descendante à 23 h 18	– 12 h 38		7 h 47 ♍	Dans les régions bénéficiant d'un climat doux, plantez de l'ail blanc et violet sur une parcelle non fumée récemment.

Ne pas oublier : transformez les tailles des fruitiers en bois raméal fragmenté (BRF), à utiliser au potager.

Date	Notes :	Météo :
Lundi 16 décembre Ste Alice		Pluie : mm Cumul : mm °C mini : °C maxi : Pression : hPa Temps :
Mardi 17 décembre St Gaël		Pluie : mm Cumul : mm °C mini : °C maxi : Pression : hPa Temps :
Mercredi 18 décembre St Gatien		Pluie : mm Cumul : mm °C mini : °C maxi : Pression : hPa Temps :
Jeudi 19 décembre St Urbain		Pluie : mm Cumul : mm °C mini : °C maxi : Pression : hPa Temps :
Vendredi 20 décembre St Théophile		Pluie : mm Cumul : mm °C mini : °C maxi : Pression : hPa Temps :
Samedi 21 décembre Hiver		Pluie : mm Cumul : mm °C mini : °C maxi : Pression : hPa Temps :
Dimanche 22 décembre Ste Fr.-Xavière		Pluie : mm Cumul : mm °C mini : °C maxi : Pression : hPa Temps :

« Au vingt de Noël, les jours rallongent d'un pas d'hirondelle. »

♈ Bélier ♉ Taureau ♊ Gémeaux ♋ Cancer ♌ Lion ♍ Vierge ♎ Balance ♏ Scorpion ♐ Sagittaire ♑ Capricorne ♒ Verseau ♓ Poissons

Date	Lune	Lever / coucher	Jour	Zodiaque
Lundi 23 décembre	ND à 0 h 21 – lune descendante	0 h 57 / 12 h 50		♍
Mardi 24 décembre	A à 8 h 24 – lune descendante	2 h 04 / 13 h 03		♍
Mercredi 25 décembre	lune descendante	3 h 11 / 13 h 17		♍
Jeudi 26 décembre	lune descendante	4 h 21 / 13 h 34		3 h 41 ♎
Vendredi 27 décembre	lune descendante	5 h 33 / 13 h 56		♎
Samedi 28 décembre	lune descendante	6 h 46 / 14 h 26		21 h 30 ♏
Dimanche 29 décembre	lune descendante	7 h 56 / 15 h 07		♏ 23 h 40

Travaux au jardin

Lundi, ne jardinez pas avant 5 h 30.

- En décembre, les abeilles ne font plus aucune apparition sur la planche d'envol, elles dépensent l'essentiel de leur énergie à se réchauffer en se serrant en grappe. L'apiculteur ne doit surtout pas les déranger.

Mardi, ne jardinez pas avant 13 h 30.

- L'objectif principal dans la conservation du miel liquide est de prévenir la cristallisation. Il doit être entreposé dans un endroit sombre et sec, et à une température d'environ 25 °C. Selon les récoltes et le mode de conservation, certains miels peuvent très bien rester jusqu'à 5 ans en cave.
- Les miels (liquides ou solides), ainsi que la gelée royale, peuvent cristalliser. Il s'agit d'un phénomène tout à fait naturel qui n'a aucune incidence sur les propriétés du produit, vous pouvez toujours le consommer.

- Procédez à la « taille de Noël » des rosiers en coupant les tiges à une hauteur d'environ 50 cm. Vous pouvez aussi tailler les rosiers grimpants.
- S'il ne gèle pas, taillez les clématites à floraison estivale. Coupez une tige sur deux à 30 ou 40 cm du sol.
- Plantez les rosiers et les arbustes à fleurs caduques à racines nues. N'oubliez pas de praliner les racines.
- Mettez en place les églantiers à greffer dans le courant de l'été prochain.

- Par temps doux, élaguez les grands arbres caducs tout en veillant à respecter leur silhouette. Curetez les suçoirs du gui. Mastiquez les plaies et les coupes qui ont un diamètre supérieur à 5 cm. Utilisez une scie d'élagage (mais surtout pas de tronçonneuse !) ainsi qu'un bon couteau pour enlever les ébarbures. Pour supprimer une partie de branche, coupez juste au-dessus d'un œil ou d'une pousse latérale.

Ne pas oublier : triez les graines en jetant celles qui seront périmées l'an prochain.

Date	Notes :	Météo :
Lundi **23** **décembre** St Armand		Pluie : … mm Cumul : … mm °C mini : … °C maxi : … Pression : … hPa Temps : …
Mardi **24** **décembre** Ste Adèle		Pluie : … mm Cumul : … mm °C mini : … °C maxi : … Pression : … hPa Temps : …
Mercredi **25** **décembre** Noël		Pluie : … mm Cumul : … mm °C mini : … °C maxi : … Pression : … hPa Temps : …
Jeudi **26** **décembre** St Étienne		Pluie : … mm Cumul : … mm °C mini : … °C maxi : … Pression : … hPa Temps : …
Vendredi **27** **décembre** St Jean		Pluie : … mm Cumul : … mm °C mini : … °C maxi : … Pression : … hPa Temps : …
Samedi **28** **décembre** Sts Innocents		Pluie : … mm Cumul : … mm °C mini : … °C maxi : … Pression : … hPa Temps : …
Dimanche **29** **janvier** St David		Pluie : … mm Cumul : … mm °C mini : … °C maxi : … Pression : … hPa Temps : …

« Qui prend le soleil à Noël, à Pâques se gèle. »

♈ Bélier ♉ Taureau ♊ Gémeaux ♋ Cancer ♌ Lion ♍ Vierge ♎ Balance ♏ Scorpion ♐ Sagittaire ♑ Capricorne ♒ Verseau ♓ Poissons

Date	Lune	Lever coucher	Jour	Zodiaque	Travaux au jardin
Lundi 30 décembre	à 23 h 26 ; l.d. 6 h 00	8 h 57 / 16 h 03		♐	S'il ne gèle pas, vous pouvez prélever des greffons de fruitiers sur des rameaux vigoureux et sains, avec des yeux bien formés, longs de 30 cm environ et de la même taille qu'un crayon. Rassemblez-les en petits fagots, identifiez soigneusement les variétés à l'aide de petites étiquettes soigneusement et clairement rédigées, puis mettez-les en jauge, dans une exposition nord, de préférence derrière un mur pour retarder le bourgeonnement (les greffons doivent être en retard de végétation sur le porte-greffe).
Mardi 31 décembre	lune montante	9 h 47 / 17 h 12			
Mercredi 1er janvier	lune montante	10 h 23 / 18 h 34		♑	Étalez une couche de paille ou de feuilles mortes de 10 cm d'épaisseur au pied des plantations. Le paillis est efficace pour éliminer les mauvaises herbes, protéger les graines des oiseaux ou les plantes du froid. Il existe des paillis artificiels, mais il vaut mieux utiliser un paillis naturel qui est moins cher, plus esthétique et au moins aussi efficace. Dans ce contexte, privilégiez – en fonction de vos possibilités – les déchets de tonte (sauf si la pelouse a été traitée avec des substances chimiques), les aiguilles de pin (pour les plantes aimant une certaine acidité), les écorces hachées, les feuilles saines hachées ou compostées, les copeaux de bois frais…
Jeudi 2 janvier	lune montante	10 h 51 / 19 h 56			
Vendredi 3 janvier	lune montante	11 h 12 / 21 h 18		♒	**Et si vous mettiez un hôtel à insectes dans votre jardin ?** Témoins d'un jardin accueillant et favorable à la biodiversité, les petites bêtes sont des indicateurs d'un bon écosystème. Les insectes sont des maillons indispensables à l'équilibre des potagers. Comme les oiseaux, ils manquent d'abris pour construire leur nid, passer l'hiver ou juste rester une journée. L'hôtel attire les auxiliaires, ce sont des super pollinisateurs ou les prédateurs des ravageurs (bourdons, abeilles et guêpes solitaires…). L'augmentation du nombre d'insectes améliorera la biodiversité.
Samedi 4 janvier	lune montante	11 h 29 / 22 h 40			
Dimanche 5 janvier	lune montante	11 h 44 / –		♓	Préparez le plan de votre potager en n'oubliant pas de prévoir une bonne rotation des cultures.

Ne pas oublier : par temps de gel, les oiseaux meurent de soif plus que de faim ! Renouvelez les soucoupes d'eau tiède.

Date	Notes :	Météo :
Lundi 30 décembre St Roger		Pluie : mm Cumul : mm °C mini : °C maxi : Pression : hPa Temps :
Mardi 31 décembre St Sylvestre		Pluie : mm Cumul : mm °C mini : °C maxi : Pression : hPa Temps :
Mercredi 1er janvier Jour de l'An		Pluie : mm Cumul : mm °C mini : °C maxi : Pression : hPa Temps :
Jeudi 2 janvier St Basile		Pluie : mm Cumul : mm °C mini : °C maxi : Pression : hPa Temps :
Vendredi 3 janvier Ste Geneviève		Pluie : mm Cumul : mm °C mini : °C maxi : Pression : hPa Temps :
Samedi 4 janvier St Odilon		Pluie : mm Cumul : mm °C mini : °C maxi : Pression : hPa Temps :
Dimanche 5 janvier Épiphanie		Pluie : mm Cumul : mm °C mini : °C maxi : Pression : hPa Temps :

« Décembre froid et neigeux, amène été riche et heureux. »

Calendrier 2025

Janvier

1	M	Jour de l'An	1
2	J	Basile	
3	V	Geneviève	
4	S	Odilon	
5	D	Épiphanie	
6	L	Mélaine	2
7	M	Raymond	
8	M	Lucien	
9	J	Alix	
10	V	Guillaume	
11	S	Pauline	
12	D	Tatiana	
13	L	Yvette	3
14	M	Nina	
15	M	Rémi	
16	J	Marcel	
17	V	Roseline	
18	S	Prisca	
19	D	Marius	
20	L	Sébastien	4
21	M	Agnès	
22	M	Vincent	
23	J	Barnard	
24	V	Fr. de Sales	
25	S	Conv. St Paul	
26	D	Paule	
27	L	Angèle	5
28	M	Th. d'Aquin	
29	M	Gildas	
30	J	Martine	
31	V	Marcelle	

Février

1	S	Ella	
2	D	Chandeleur	
3	L	Blaise	6
4	M	Véronique	
5	M	Agathe	
6	J	Gaston	
7	V	Eugénie	
8	S	Jacqueline	
9	D	Apolline	
10	L	Arnaud	7
11	M	N.-D. de Lourd.	
12	M	Félix	
13	J	Béatrice	
14	V	Valentin	
15	S	Claude	
16	D	Julienne	
17	L	Alexis	8
18	M	Bernadette	
19	M	Gabin	
20	J	Aimée	
21	V	Pierre-Damien	
22	S	Isabelle	
23	D	Lazare	
24	L	Modeste	9
25	M	Roméo	
26	M	Nestor	
27	J	Honorine	
28	V	Romain	

Mars

1	S	Aubin	
2	D	Charles le Bon	
3	L	Guénolé	10
4	M	Mardi gras	
5	M	Cendres	
6	J	Colette	
7	V	Félicité	
8	S	Jean de Dieu	
9	D	Françoise	
10	L	Vivien	11
11	M	Rosine	
12	M	Justine	
13	J	Rodrigue	
14	V	Mathilde	
15	S	Louise	
16	D	Bénédicte	
17	L	Patrice	12
18	M	Cyrille	
19	M	Joseph	
20	J	PRINTEMPS	
21	V	Clémence	
22	S	Léa	
23	D	Victorien	
24	L	Cath. de Suèd.	13
25	M	Annonciation	
26	M	Larissa	
27	J	Habib	
28	V	Gontran	
29	S	Gwladys	
30	D	Amédée	
31	L	Benjamin	14

Avril

1	M	Hugues	
2	M	Sandrine	
3	J	Richard	
4	V	Isidore	
5	S	Irène	
6	D	Marcellin	
7	L	J.-B. de la Salle	15
8	M	Julie	
9	M	Gautier	
10	J	Fulbert	
11	V	Stanislas	
12	S	Jules	
13	D	Rameaux	
14	L	Maxime	16
15	M	Paterne	
16	M	Benoît-Joseph	
17	J	Anicet	
18	V	Parfait	
19	S	Vendredi saint	
20	D	Pâques	
21	L	L. de Pâques	
22	M	Alexandre	17
23	M	Georges	
24	J	Fidèle	
25	V	Marc	
26	S	Alida	
27	D	Zita	
28	L	Valérie	18
29	M	Cath. de Sienne	
30	M	Robert	

Mai

1	J	Fête du Travail	
2	V	Boris	
3	S	Phil., Jacq.	
4	D	Sylvain	
5	L	Judith	19
6	M	Prudence	
7	M	Gisèle	
8	J	Victoire 1945	
9	V	Pacôme	
10	S	Solange	
11	D	Estelle	
12	L	Achille	20
13	M	Rolande	
14	M	Matthias	
15	J	Denise	
16	V	Honoré	
17	S	Pascal	
18	D	Éric	
19	L	Yves	21
20	M	Bernardin	
21	M	Constantin	
22	J	Émile	
23	V	Didier	
24	S	Donatien	
25	D	Fête des Mères	
26	L	Bérenger	22
27	M	Augustin	
28	M	Germain	
29	J	Ascension	
30	V	Ferdinand	
31	S	Visitation	

Juin

1	D	Justin	
2	L	Blandine	23
3	M	Kévin	
4	M	Clotilde	
5	J	Igor	
6	V	Norbert	
7	S	Gilbert	
8	D	Pentecôte	
9	L	L. de Pent.	24
10	M	Landry	
11	M	Barnabé	
12	J	Guy	
13	V	Antoine de P.	
14	S	Élisée	
15	D	Fête des Pères	
16	L	Jean-Fr. Régis	25
17	M	Hervé	
18	M	Léonce	
19	J	Romuald	
20	V	Silvère	
21	S	ÉTÉ	
22	D	Alban	
23	L	Audrey	26
24	M	Jean-Baptiste	
25	M	Prosper	
26	J	Anthelme	
27	V	Fernand	
28	S	Irénée	
29	D	Pierre, Paul	
30	L	Martial	27

Juillet

1	M	Thierry	
2	M	Martinien	
3	J	Thomas	
4	V	Florent	
5	S	Antoine	
6	D	Mariette	
7	L	Raoul	28
8	M	Thibault	
9	M	Amandine	
10	J	Ulrich	
11	V	Benoît	
12	S	Olivier	
13	D	Henri, Joël	
14	L	Fête nationale	29
15	M	Donald	
16	M	N.-D. Mt-Carmel	
17	J	Charlotte	
18	V	Frédéric	
19	S	Arsène	
20	D	Marina	
21	L	Victor	30
22	M	Marie-Madeleine	
23	M	Brigitte	
24	J	Christine	
25	V	Jacques	
26	S	Anne, Joachim	
27	D	Nathalie	
28	L	Samson	31
29	M	Marthe	
30	M	Juliette	
31	J	I. de Loyola	

Août

1	V	Alphonse	
2	S	Julien-Eymard	
3	D	Lydie	
4	L	J.-M. Vianney	32
5	M	Abel	
6	M	Transfiguration	
7	J	Gaétan	
8	V	Dominique	
9	S	Amour	
10	D	Laurent	
11	L	Claire	33
12	M	Clarisse	
13	M	Hippolyte	
14	J	Évrard	
15	V	Assomption	
16	S	Armel	
17	D	Hyacinthe	
18	L	Hélène	34
19	M	Jean-Eudes	
20	M	Bernard	
21	J	Christophe	
22	V	Fabrice	
23	S	Rose de Lima	
24	D	Barthélemy	
25	L	Louis	35
26	M	Natacha	
27	M	Monique	
28	J	Augustin	
29	V	Sabine	
30	S	Fiacre	
31	D	Aristide	

Septembre

1	L	Gilles	36
2	M	Ingrid	
3	M	Grégoire	
4	J	Rosalie	
5	V	Raïssa	
6	S	Bertrand	
7	D	Reine	
8	L	Adrien	37
9	M	Alain	
10	M	Inès	
11	J	Adelphe	
12	V	Apollinaire	
13	S	Aimé	
14	D	Materne	
15	L	Roland	38
16	M	Édith	
17	M	Renaud	
18	J	Nadège	
19	V	Émilie	
20	S	Davy	
21	D	Matthieu	
22	L	AUTOMNE	39
23	M	Constant	
24	M	Thècle	
25	J	Hermann	
26	V	Côme, Damien	
27	S	Vincent de P.	
28	D	Venceslas	
29	L	Michel	40
30	M	Jérôme	

Octobre

1	M	Thér. de l'Enf.	
2	J	Léger	
3	V	Gérard	
4	S	Fr. d'Assise	
5	D	Fleur	
6	L	Bruno	41
7	M	Serge	
8	M	Pélagie	
9	J	Denis	
10	V	Ghislain	
11	S	Firmin	
12	D	Wilfried	
13	L	Géraud	42
14	M	Juste	
15	M	Thér. d'Avila	
16	J	Edwige	
17	V	Baudouin	
18	S	Luc	
19	D	René	
20	L	Adeline	43
21	M	Céline	
22	M	Élodie	
23	J	Jean de Capist.	
24	V	Florentin	
25	S	Crépin	
26	D	Dimitri	
27	L	Émeline	44
28	M	Simon, Jude	
29	M	Narcisse	
30	J	Bienvenu	
31	V	Quentin	

Novembre

1	S	Toussaint	
2	D	Défunts	
3	L	Hubert	45
4	M	Charles	
5	M	Sylvie	
6	J	Bertille	
7	V	Carine	
8	S	Geoffroy	
9	D	Théodore	
10	L	Léon	46
11	M	Armistice 1918	
12	M	Christian	
13	J	Brice	
14	V	Sidoine	
15	S	Albert	
16	D	Marguerite	
17	L	Élisabeth	47
18	M	Aude	
19	M	Tanguy	
20	J	Edmond	
21	V	Prés. Marie	
22	S	Cécile	
23	D	Clément	
24	L	Flora	48
25	M	Catherine	
26	M	Delphine	
27	J	Séverin	
28	V	Jacq. de la M.	
29	S	Saturnin	
30	D	André	

Décembre

1	L	Florence	49
2	M	Viviane	
3	M	Fr.-Xavier	
4	J	Barbara	
5	V	Gérald	
6	S	Nicolas	
7	D	Ambroise	
8	L	Im. Concep.	50
9	M	Pierre Fourier	
10	M	Romaric	
11	J	Daniel	
12	V	J.-F. de Chantal	
13	S	Lucie	
14	D	Odile	
15	L	Ninon	51
16	M	Alice	
17	M	Gaël	
18	J	Gatien	
19	V	Urbain	
20	S	Théophile	
21	D	HIVER	
22	L	Fr.-Xavière	52
23	M	Armand	
24	M	Adèle	
25	J	Noël	
26	V	Étienne	
27	S	Jean	
28	D	Innocents	
29	L	David	53
30	M	Roger	
31	M	Sylvestre	